好奇者的经济学

Economics for the curious

〔美〕罗伯特·索洛　詹尼斯·默里 编
叶心可 译
Edited by ROBERT M.SOLOW & JANICE MURRAY

漓江出版社
桂林

图书在版编目(CIP)数据

好奇者的经济学/(美)罗伯特·索洛,(美)詹尼斯·默里 编;叶心可 译.
—桂林:漓江出版社,2015.6(2017.7 重印)

书名原文:Economics for the Curious

ISBN 978-7-5407-7473-8

Ⅰ.①好… Ⅱ.①索… ②默… ③叶… Ⅲ.①经济学-通俗读物 Ⅳ.①F0-49

中国版本图书馆 CIP 数据核字(2015)第 030069 号

出版统筹:吴晓妮

责任编辑:叶　子

装帧设计:居　居

内文排版:何　萌

漓江出版社出版发行

广西桂林市南环路 22 号　邮政编码:541002

网址:http://www.lijiangbook.com

全国新华书店经销

销售热线:0773-2583322

山东临沂新华印刷物流集团印刷

(山东临沂高新技术产业开发区新华路　邮政编码:276017)

开本:960mm×690mm　1/16

印张:16　字数:128 千字

2015 年 6 月第 1 版　2017 年 7 月第 4 次印刷

定价:37.80 元

献给沃尔夫冈·许雷尔教授,本书的创意源于他。

致谢

任何一本书的出版，从开始到完成，都离不开众人的参与和协助。在此，我们想对以下人士的鼎力支持表达感谢：诺贝尔奖得主林道大会的尼可拉斯·特纳（Nikolaus Turner）和沃尔夫冈·黄（Wolfgang Huang）；安德烈亚斯·伯姆（Andreas Böhm）；文字编辑伊丽莎白·斯通（Elizabeth Stone）；以及麦克米伦出版社的大卫·布尔（David Bull）。我们还要特别感谢彼得·柏吉（Peter Badge）为我们提供了诺奖得主的肖像照，感谢克里斯·里奇蒙德（Chris Richmond）所准备的作者简介。

在华盛顿和纽约，众达（Jones Day）律师事务所的约翰·弗洛伊明（John G.Froemming）为我们慷慨提供了长时间的法律咨询服务。其间，麦克米伦出版社的彼得·贝克尔（Peter Baker）一直亲切而耐心地引导着我们。

最后还有一点很重要，如果没有来自诺贝尔奖得主康斯坦茨湖林道大会基金会的资金支持，没有沃尔夫冈·许雷尔的鼓励和他对教育的投入，这本书的构想就不会成为现实。

引言

经济学的一个标准定义是:一门研究如何分配及使用稀缺资源的学科。这个定义很准确——假如亚当和夏娃从未离开伊甸园,他们就永远用不着经济学家了。然而,这个解释过于乏味、抽象,激不起人们学习经济学的热情和兴趣。19世纪后期伟大的英国经济学家阿尔弗雷德·马歇尔用朴素但更为迷人的语言来描述经济学,他说,经济学可以说是对人们维持生计的日常事务的研究。任何具有正常好奇心的人都会或者说都应该乐于对其加以了解。这本书来源于沃尔夫冈·许雷尔教授的一个想法,即让一群十分杰出的经济学家——准确地说是诺贝尔奖得主——为那些即将开启学术生涯的学生们提供一些他们认为有趣、实用而且能够进行有效思考的问题。无论许雷尔教授还是我们,都希望这本书能吸引一部分读者(无论他们的职业是什么)去学习经济学:或者是进行专门研究,或者是作为普通人发现这些问题既有趣又重要。

从目录便可看出,所谓的“维持生计的日常事务”涵盖的活动范围非常之广。埃里克·马斯金探讨了选举计票的多重方法;罗杰·迈尔森则从更宏观的层面对政治进程问题进行了思考。这些内容怎么会在经济学的范畴之内?让我来给你一个合理的解释。

如果我们将经济学追溯到亚当·斯密的时代(尽管他之前还有很多先驱),可以发现,这门学科是随着工业资本主义的扩张而成长的。所以自然而然的,提起“日常事务”,人们首先想到的是一个由许多追求个人利益的个体相互往来所构成的市场,这种往来是通过新兴的市场价格手段而非交易双方的讨价还价得以实现的。事实证明这种思维颇有成效。由此引发了人们对于供给、需求和定价等问题的大量阐述。这正是经济学的主要议题,在所有经济学教材里都会看到。

然而,有些市场只有极少数的参与者。这种情况有可能是自然形成的,也有可能是因为个体开始形成同业联盟(卡特尔)、贸易协会及工会等团体。经济学家们迟早都会开始思考一些意在影响其他竞争者而非单纯体现个体差异的战略行为、行动及交流。博弈论一直是首选方法,而且如今成为了经济学宠儿(本书中约翰·纳什的章节对其进行了阐述)。这一趋势有一个副作用,就是使得经济学家们尤为重视制度的安排和管理对决策动机造成影响的过程。由此进一步自然延伸就产生了政治经济学,它系统地将经济政策纳入了对经济体系进行分析描述的主体部分。经济事件影响政治行为,而政治行为也会影响经济事件。

此外,经济学中还出现了一个有趣的趋势:经济学家们从对个体市场的细致研究转向了更为广泛的议题。市场经济往往受制于普遍的**集体性**(aggregative)变动,其常见形式有不规则波动、相对较有规律的商业周期以及经济增长率的变动。除此之外,个体交易者所面临的主导环境往往时好时坏。这推动了另一个经济学分支——宏观经济学——的发展,它致力于研究市场经济的集体行为。当然,宏观经济学还研究集体行为如何与微观经济学的制度、规则相关联。本书的许多章节——包括保罗·克鲁格曼、芬恩·基德兰德、弗农·史密斯和迈克尔·斯宾塞的章节——都属于此类。由于宏观经济上的危机引起了普遍且棘手的失业问题,因此,同时作为整体波动的因和果的劳动力市场得到了经济学家们的特别关注(详见彼得·戴蒙德和戴尔·莫滕森的章节)。

在经济学这门学科中,宏观经济学常引起争议,原因至少有两个:其中存在许多利害攸关的因素,而且经济的潜在事实相对变化较快。例如,显而易见,全球都已经开始意识到金融活动数十年来的异常激增可能会为整个经济带来严重的甚至灾难性的后果。宏观经济学对这一现象的跟踪研究尚不够充分,但可以确信的是未来这一学科将在这方面投入更多精力。当今世界两大央行——欧洲中央银行与美国联邦储备系统——以及许多规模较小的央行的首脑都是训练有素的经济学家,这绝不是巧合。

经济本身有可能随着时间推移而发生功能意义上的变化,这为经济学注入了活力和刺激。有一位评论家曾经抱怨说约翰·梅纳德·

凯恩斯改变想法过于频繁。关于此事甚至还有一些笑话。据说凯恩斯对此的回答是:“事实发生变化时,我的想法也会改变。换了您会怎么做呢,先生?”经济活动的大规模金融化就是这样一种变化。纵观历史还有其他变化:一个是从农业向工业的转型,另一个是所谓的人口统计转型。低成本、低门槛的互联网信息的激增可能会成为第三个变化。如果这真的成为现实,那么个体市场经济学的部分内容将会被改写。一直以来标准的假设都是,所有经济参与者都共同享有关于价格、质量、可用替代品等等的同样信息,通常是完整的信息。近些时候,大量有趣且重要的研究对**信息不对称**的后果进行了检验——例如,某件商品或某项服务的销售者可能比任何潜在买家都更了解产品的特性。毫无疑问,这会改变市场运作模式及其带来的利益。也许互联网会让现实世界更接近经典假设里的情况,也许不会。这可能取决于互联网经济学本身。

本书的部分章节还阐述了私人和社会生活中可以用经济学工具进行分析的其他方面。威廉·夏普分析了我们每个人的退休收入问题,这个问题随着人均寿命的延长而显得更加急迫。奥利弗·威廉姆森考量了一度为我们所忽视的决策成本会给企业内部组织及产业结构带来怎样的影响。我自己的文章则专注于一类特定商品——自然和环境资源——及其所带来的特殊问题,进而讨论社会对这些资源的使用分配问题。

由十二位作者写就的区区十二篇文章,当然不指望能覆盖整个经济学领域。本书中没有关于国际贸易的篇章,没有研究贫困和发展中国家的特殊问题,没有对金融市场及其与“实体”经济的互动进行分析,同时也未能涵盖税务及更广泛的公共部门的经济问题。这些以及其他很多议题都是经济学研究和教学里的活跃分支。经济学真的无处不在。

还有一些关于经济学的内容是未来的经济系学生需要了解的,因为它是整个经济学学科氛围的一部分,在大学、智囊团、金融机构、商业公司及政府部门中都得到了体现。经济学关注的最主要因素,在于价格和数量,或者(例如收入)可以以价格和数量的形式体现。这些当然是数字对象,运用于数据收集和统计分析。最近数十年来大规模数据收集活动激增,其中大部分是由政府机构组织的,但同样不乏私人研究机构的参与,包括对个人和家庭的特征及行为的观察。(说到最近的进展,信用卡的普及和网购的增长趋势使收集个体零售交易的海量数据成为可能。)在人们想回答的问题中,大部分问题本身已经被量化。价格对购买行为或利率对储蓄决策的影响究竟有多大?每个家庭在照顾孩子、老人或残疾成员上投入了多少时间和金钱?因此,计量经济学——一门将统计学方法应用到经济分析中的学科——成为了经济学家们工作和训练中必不可少的一部分。

这样一本书所能做的充其量是让读者一窥“经济学家到底在做什么”。从近年的历史中我们知道,经济在发展的过程中表现时好时坏。当经济运转不良时会出现长时间的煎熬期,对大量无辜的受害者造成损失。经济衰退结束后仍会有许多欠考虑的观点横行一时,很多看法甚至像是从外星球来的。经济学作为一门学科,其根本目的是为大小经济问题提供条理清晰的推理以及系统性的观察(并在此过程中获得思维上的乐趣)。

罗伯特·默顿·索洛

莱克星顿,马萨诸塞州

2013 年

CONTENTS

目录

Chapter 1

保罗·克鲁格曼

Paul R. Krugman

美国人

诺贝尔经济学奖得主

2008

经济学家保罗·克鲁格曼以其在经济政策上的直言不讳而闻名。他曾批判奥巴马当局不够“强硬”，对2008年金融危机后的经济刺激计划投入不足。他多次与小布什政府针锋相对，还批判里根和布什时代的一些政策一味迎合有钱人，以致美国出现了20世纪20年代以来最大的贫富差距。虽然如此，克鲁格曼仍担任过里根总统的经济顾问，即使只有短短一年时间。

克鲁格曼以其“对贸易模式和经济活动区位的分析”获得了诺贝尔经济学奖，这项成果将全球和地区经济整合成了一种新型的国际贸易和经济地理。

对国际贸易的传统看法建立在一种以技术水平划分的“等级制度”之上。等级较低的国家拥有廉价劳动力，出口原材料和食品；而等级较高的国家则出口制成品。

然而自二战以来，全球化和城市化进程逐渐改变了国际贸易的面貌，而且随着电力的进一步普及（至少在城区如此）以及廉价商品的加大、加速流通提升了贫困地区对生活方式的预期，这种“等级制度”的界限也开始逐渐模糊。

1979年，克鲁格曼设计出了一种能涵盖这种变化的新模型——渐增的各类消费需求可以通过逐步降低的大规模生产及分配成本来得到满足,这就形成了一种上升螺旋。这最终导致依赖于本地市场的小规模生产被着眼全球市场的大规模生产所取代。

克鲁格曼的新理论解释了为什么全球贸易由经营着相似产品的相似国家所主导:一个国家可能既出口汽车也进口汽车。大规模生产——以及"自由贸易"——会使产品价格下降,商品种类增多。

虽然克鲁格曼模型建立的初衷是国际贸易,但它同时也展示出了经济地理学中的一个变化。随着全球越来越多的人口涌向城市,这种"等级制度"如今划分的是高科技的城市中心与欠发展的"边缘"地带。城市居民薪资较高,城市人口的增长会促进大规模生产和商品的多样性。这同样会引起城市移民人口的螺旋式上升。

保罗·罗宾·克鲁格曼于 1953 年 2 月出生在纽约州首府奥尔巴尼。他的祖父母 1922 年从波兰移民到美国。克鲁格曼在拿骚县长大,他对经济学的热爱要归功于艾萨克·阿西莫夫(Isaac Asimov),在后者的《基地系列》小说中,科学家们通过研究"心理历史学"(psychohistory)拯救了一个帝国的文明。在克鲁格曼看来,经济学是除心理历史学之外的不二选择。

克鲁格曼就读于纽约州贝尔莫尔(Bellmore)的约翰·肯尼迪高中,并于 1974 年以优异成绩获得耶鲁大学的文学学士学位,三年后获得麻省理工学院的博士学位。1978年克鲁格曼创建了一种垄断竞争贸易模型,后来他写道:“(我)在几个小时内意识到,我掌握了左右自己整个职业生涯的关键。”

1979年克鲁格曼开始任教于麻省理工学院,1982—1983年间他作为经济顾问委员会的一员为里根政府效力。1984年克鲁格曼重新回到麻省理工学院担任教授,并于2000年来到普林斯顿大学担任经济学与国际事务专业教授。他还曾执教于斯坦福、耶鲁和伦敦政治经济学院,目前是伦敦政治经济学院的世纪讲座教授。克鲁格曼不仅是多个高级经济专家组的成员,还获得了许多国际奖项,出版了多本著作,其成就之多在此难以言尽,但值得一提的是,他通过书籍、博客和《纽约时报》专栏等媒介让大众领略到了更加通俗有趣的经济学,获得了外界肯定。

克鲁格曼已婚,目前生活在新泽西州的普林斯顿。

萧条年代另当别论

直到今天,你一定还经常见到类似的经济学定义:“经济学致力于研究稀缺资源在不同竞争主体之间的分配问题。”工人在收入和闲暇之间取舍;消费者在芝士和葡萄酒之间抉择;政府在军备和粮食之间权衡……这些都是教科书中常见的例子。我们被灌输这样的观念:世上没有免费的午餐。

大多数情况下的确如此。大部分时候,资源稀缺和机会成本,即我们在决策时放弃次好选择所需的代价,基本上就是经济学的题中之义。但这并不适用于所有情况。萧条时期就是个例外。

当经济处于萧条期时,资源稀缺不再占据支配地位。生产资料遭到闲置,以至于人们可以在不损失其他资源的情况下获得某种资源;免费的午餐俯拾皆是。这样一来,原先适用的所有经济学规则此时都被颠覆;我们宛若进入了一个镜像世界,在这里美德变成了罪行,审慎代表着愚昧;省吃俭用让我们前途黯淡,健全货币使我们愈发贫穷。

而我们过去几年来正是处于这样一种境况当中,因此学生们应该对其加以了解。

什么是经济萧条?

我们对"经济衰退"(recession)或多或少都有些概念——在衰退时期,经济的大多数领域都在走下坡路。许多国家判断经济衰退的标准是看实际 GDP 是否连续两个季度下滑,而在美国则取决于独立专家组的主观判断。不过次要的时机问题不在考虑之列——衰退是从十二月还是一月开始的,在夏天还是秋天结束的,这些并非争议所在。

然而同样的定义并不适用于"经济萧条"(depression)。经济萧条仅仅是情况极为严重的经济衰退吗?有时人们的确试图如此定义它,还随心所欲地加上些评判准则,例如产出下降 10%或更多。然而,当我们提起经济大萧条时,我们所指的并不仅仅是 1929 年到 1933 年间的经济崩盘,而是从 1929 年到 1939 年甚至 1940 年的这一整个时间段,这其中既包含着经济上行期(实际上 1933—1937 年间的经济增长率甚至达到了每年 8%),也包含着衰退期。大萧条之所以不是两次经济衰退和两次经济复苏的简单组合,其关键在于：一方面，整个大萧条时期中，国家经济显然一直在远低于其正常生产力水平的状态下运作，即使在经济发展时期也是如此；另一方面，要想摆脱这种困境并非易事。

后者至关重要。普通级别的经济下滑很快就能止住，这在很大程度上归因于一个简单的技术统治论色彩的答案：中央银行削减利率，经济就会再次回升。然而在经济大萧条年代，中央银行无法故伎重施，因为短期利率——在所有利率类型中，传统货币政策能最直接作用于短期利率——此时已非常接近于零，没有继续下降的空间。因此便产生了约翰·梅纳德·凯恩斯在其1936年出版的著作《就业、利息和货币通论》中所描述和分析的情况：经济"在相当长的时间内处于低能运转的状态，既没有复苏回暖也没有全盘崩溃的明显趋势"。日本在20世纪90年代陷入了上述情形之中，而美国、英国和大部分欧洲国家也在2008年步其后尘。

因此，经济萧条确实应该由更具实用性的术语来定义：在经济萧条时期，经济体的生产力水平长期低于其正常值，且由于短期利率已经趋近于零的缘故，通常情况下能有效应对经济下滑问题的货币扩张政策在萧条时期并不奏效。

经济体是如何陷入此种困境的？无论是在上世纪90年代的日本还是在如今的北大西洋各国，都存在一个由庞大债务支撑起来的房地产泡沫，而这个泡沫最后都以破灭告终，留下过剩的房产和积压的债务不断压迫着经济。这种压力甚至大到了连短期利率为零都无法缓解的地步。但是我们也不能对危机前兴盛时期的各种细节太小题大做。

实际上,这个警示具有普遍意义。早在人们刚开始意识到商业周期这一现象之时,大众就爱将这种循环看成道德剧——将过多注意力放在经济繁荣的过剩上面,并至少是不言明地假设随之而来的经济衰落是其必然结果。然而这种看法缺乏合理的依据——事实上这一章还会给出各种理由来证明它是错的;而且认为在前期的经济繁荣中无论发生了什么,其后出现的持续性经济衰退都是可以且应该避免的,这样的看法也是错误的。正是人们这种站在道德角度看待经济盛衰的惯性思维阻碍了正确政策的制定和实施。

总而言之,让我们重新回到探讨的主线上来——正如我前文所主张的,所谓"萧条"是一种经济持续低能运转的状态,且在这种情况下通常可行的技术性政策无法使就业得以充分恢复。接下来让我们看看萧条时期的经济规则究竟有哪些特别之处。

节约与弹性的悖论

在经济萧条时期,社会的总需求往往不足。也就是说,全部经济参与者——消费者、企业和政府——所愿意购买的产品总量要少于生产者所愿意生产和提供的产品和服务总量。因此阻碍产量发展的关键并非生产力水平,而是社会总需求——所以经济学教科书作者所热衷于强调的取舍原则此时不再适用。

举个例子,假设你希望政府加强基础设施建设——铺路、搭桥或者在纽约的哈德逊河河底修建铁路隧道(友情说明:这是我心头的一大痛处①)。一般来说我们认为这么做必定需要我们在其他方面有所让步——政府要么劝说消费者降低消费,要么让民间投资为政府开支"让道"。然而在萧条时期,我们不必再进行这样的取舍:修建隧道的工作可以由那些不干就会失业的工人使用那些不用就会被闲置的施工设备来完成。你问修建隧道的资金从哪里来?好吧,政府可以通过发行公债来募集资金——不过这种借贷与资金的其他用途之间并不冲突,因为政府花钱修建隧道的行为本身就能提高人们的收入,而增加的收入中一部分得以节省下来,因此修建隧道的开支创造了人们用于购买公债的那部分积蓄。

如果你觉得这种说法站不住脚,认为大规模的政府借贷必然会抬高利率,那你还拥有许多和你观点一致的伙伴:很多杰出人才(其中有些人对自己的经济学造诣很有自信)在2009年时仍坚称当时已日益突出的大规模预算赤字必将导致利率上升。但事实并非如此。在我写下这一章的时候距离那时的争论已过去了三年

① 2010年,新泽西州州长克里斯·克里斯蒂突然宣布取消美国最大的基础设施工程——穿越哈德逊河修建亟需的新的地下铁路隧道。作者认为克里斯蒂此举是为了追求个人的政治前途,并对其加以抨击。参见克鲁格曼《代价高昂的三毫秒》(*Three Expensive Milliseconds*),2014年4月14日发布于《纽约时报》网站。译者注。

多,而美国长期国债的利率还不到2%。我们所处的经济状态已经无法适用通常的规则了。

这还不是全部。经济萧条的特点在于它充满了矛盾,以至于一些看似善良有益的行为反而会造成令人费解的危害。其中有两种矛盾最为突出:一个是节约的矛盾,即个人的节俭之举反而会导致国家储蓄总量的减少;另一个是更鲜为人知的弹性矛盾,即工人们为了保住工作岗位而接受减薪的举措实际上反而会减少就业。

让我们先来谈谈节约矛盾:从会计学的角度而言,整个经济体的存款量往往等于其投资总额。假设其中的某一类群体,比如各个家庭,变得更具前瞻性,更愿意将眼下的惬意生活推迟到未来再享受。通常情况下我们认为这种观念会导致社会投资总支出的增加,因为这样才能为未来提供更多保障——为了提高未来的生产力而建造更多工厂、服务器群和办公大楼。

然而,了解这个流程的运作方式十分重要。新泽西州赫赫库斯镇(Ho-Ho-Kus)的民众开源节流的决心是如何促使谷歌公司扩大其位于加州芒廷维尤市的谷歌总部的?其标准答案是利率在“作祟”:预期存款量越高,利率就越低,这要么直接造成借贷成本降低,要么间接引起股票价格上涨;而对于企图扩张的公司来说,无论其中哪种方式都能减小其资金成本,所以它们势必会加大投资。

现在我们来看看萧条时期的情况。利率(至少短期利率)已经降无可降,因为已近于零。所以预期存款和投资之间的传输机制无法生效。

相反,当个体削减其开支时,其结果只是社会总开支的下降——这使得经济更加萧条。这反过来会打击而非鼓励企业的投资意愿,因为它们此时缺乏扩大生产力的动力。但是在这种情况下社会的整体存款量与投资量仍然相等,所以投资的减少也就意味着总存款量的下降。于是节约矛盾由此产生:一部分人试图节省开支的行为最终反而会造成社会存款总量的下降。

那弹性矛盾又是什么呢?我们通常认为,要想增加产品销量应该采取降价措施,所以如果工作岗位数量不足,减薪不就是出路所在吗?这么想的人不在少数,其中许多保守的历史学家都主张,如果罗斯福总统当年没有支持工会抗议减薪、争取加薪的运动,大萧条时期早就结束了。

然而,即使在正常年代里工资与就业之间的关系也不像这些人所想象的那样。特定工厂或企业的员工的确可以通过接受减薪来保住自己的工作,这是因为减薪使得他们的劳动和劳动成果相较于其他劳动者而言有所贬值。但是当社会的整体工资水平都下降之时,这种相对优势就不存在了。想改善就业问题需要从利率入手。在实际操作中,利率往往是通过央行政策来发挥作用的:低工资水平也就意味着低通货膨胀率,这能鼓励央行降低利率,进而刺激需求的增长和就业率的回升。

但是在萧条时期利率已经降无可降了,所以是无法通过降低工资水平来改善就业问题的!减薪实际上反而可能降低就业率。

为什么?因为债务。回想一下吧,我们当下经历的经济萧条的罪魁祸首之一就是过量的债务积压。伟大的美国经济学家欧文·费雪(Irving Fisher)在大约八十年前就对这其中的原理进行了阐述(详见费雪1933年的《大萧条的债务—通货紧缩理论》)。当债户积欠了在如今看来已属过量的债务时,为了还债他们就不得不削减开支。与此同时,债主却没有相应的动力来扩大消费。因此,这些过量债务创造出了一种“去杠杆化”环境,在这种环境中社会总开支状态低迷,其程度甚至可能引发一场经济萧条。

在这种环境下,工资水平的下降会带来什么样的后果?物价和收入会随之下降——但债务持续走高。因此实际债务负担不断攀升,加重贷款消费带来的消极影响。这说明在经济萧条时期,“弹性”劳动力市场(即工资会随着失业率的上升而骤降的劳动力市场)其实是件坏事。

正如我前文所说的,经济萧条是一个镜像世界,在这里常规法则不再适用,有时甚至完全颠倒过来。这对政策的制定又有什么样的影响呢?

抗击萧条

从其定义(至少以**我的**理解)来看,用我们抗击经济衰退的通常政策(主要是通过央行降低利率的方式来实现)来应对经济萧条是不够的。但是这并不代表我们无计可施。关键在于改变思考方式。

事先声明,接下来提出的建议仅适用于利率逼近下限的经济萧条时期。有时我们会见到一些“庸俗的凯恩斯主义者”,他们主张在正常的经济状态下也适用萧条时期的思维逻辑。但是这类人其实很稀少;我们往往更容易遇到反凯恩斯主义者,他们忽视或刻意回避这样的事实:萧条时期的政策分析非同寻常,在这种环境下提倡超前消费并不意味着在其他情况下也同样提倡。

那么,这样的政策会带来怎样的影响呢?首先,节约的矛盾告诉我们,任何试图节省开支的经济参与者终将对他人以及整个经济体的未来造成损害。相反,个体扩大消费的行为无论从短期还是长远来看都是在促进经济的发展。对此,至少有一类经济参与者是有能力并且有责任将此种效应纳入考虑范围之内的,那就是政府。换句话说,对经济萧条的分析为财政刺激措施提供了最直接的立足点——为了增加政府开支,或是为了通过转拨资金和削减税收的方式来促进民间消费。

同样,在萧条时期政府借贷不会挤压民间投资——恰恰相反,它很有可能促进民间投资的增长,因为经济越强劲,企业就更愿意扩张。

但是一味借贷并将债务负担留给后代的做法岂非不负责任之举? 答案是不,前提是我们正处于经济萧条时期,而此时借贷的益处在于它能让闲置的资源重新运作起来。实际上,我们有充分的理由来证明,即使单纯从财政角度来看,在经济萧条时采取财政紧缩政策也是有害的。经济低迷会导致商业投资下降,进而减少未来的生产力水平;同时它还会导致失业率长期走高,削弱人们的工作技能和他们与职场的联系,减少未来劳动力。其结果自然是产量的长期下降——而产量下降也就意味着财政收入的下降。许多经济学家通过计算发现,在合理参数内,经济萧条时期采取财政扩张政策从长远来看有利于财政健康,而财政紧缩政策则反之。其中最著名的是劳伦斯·萨默斯(Lawrence Summers)和布拉德福德·德隆(J. Bradford DeLong)在2012年发表的《经济萧条时期的财政政策》。

如果我们严肃看待经济萧条问题会发现,财政扩张这个例子并不是唯一的。经济萧条让我们有充分的理由在正常经济状态下寻求并维持一定程度的通货膨胀——大约4%的通膨率。

为什么? 经济学家们认为,借贷和开支都有赖于实际利率,即名义利率减去预期通货膨胀所得。名义利率不可能跌破零值,但是实际利率可以,而且事实的确如此。如果当时我们能以4%而非

2%的通货膨胀率进入经济萧条期,那么如今央行就能将实际利率降得更低。顺便一提,这绝非什么稀奇古怪的看法;很多人都曾提出过这一点,其中包括国际货币基金组织的首席经济学家奥利维尔·布兰查德(Olivier Blanchard)(详见《2010 年国际货币基金组织工作报告》)。

一个更具争议的提议是使央行说服民众相信未来的通膨率将比过去更高。这样的做法比较狡猾,因为这一政策不是依据当前行动来制定的,而是对于未来行为的承诺。它可能奏效也可能不奏效。然而要强调的是,在这样的特殊情况下,央行在维护物价稳定性上的信誉越低反而越有益。

在任何情况下,我们需要更广泛地明确一点:萧条时期的经济规则应该另当别论。传统意义上合理的政策——平衡预算、确保物价稳定——都使经济更加低迷。

再强调一次,这是非常时期。大部分时候我们不在经济萧条之中,但也有例外——2013 年,在我写下这个章节的此时,我们就正处于这样一个例外时期。

参考文献

1. Blanchard, Olivier, Dell'Arricia, Giovanni, and Mauro, Paulo. 2010. *Rethinking macroeconomic policy*(《反思宏观经济政策》). *International Monetary Fund Staff Position Note*(《国际货币基金组织工作报告》), 12 February. http://www.imf.org/external/pubs/ft/spn/2010/spn1003.pdf.

2.DeLong, J. Bradford, and Summers, Lawrence. 2012. *Fiscal policy in a depressed economy*(《经济萧条时期的财政政策》). *Brookings Papers on Economic Activity*(Spring)(《布鲁金斯经济活动论文(春季刊)》), 233-274.

3. Fisher, Irving. 1933. *The debt-deflation theory of Great Depressions*(《大萧条的债务—通货紧缩理论》). *Econometrica*(《计量经济学》)1(4), 335-357.

4. Keynes, John Maynard. 1936. *The General Theory of Employment, Interest, and Money*(《就业、利息与货币通论》). London: Macmillan.

Chapter 2

弗农·史密斯

Vernon L.Smith

美国人

诺贝尔经济学奖得主

2002

传统的经济研究往往依赖于对实体经济的观察,研究围绕着能作出理性决策并以追求自身利益为目的的所谓的“经济人”展开,缺乏实验性尝试的空间。然而,2002 年诺贝尔经济学奖的两名共同得主采用了更加学术性的方法来研究这一课题。其中,丹尼尔·卡内曼(Daniel Kahneman)将对判断及决策的心理研究融入了经济学之中。弗农·史密斯开拓出了多种试验方法来说明替代市场机制的重要性,并在新市场机制设计付诸实施之前在实验室中对它们进行了“风洞试验”。他的研究确立了实验在实证经济分析中的关键地位。在他们的努力下,如今,越来越多的研究开始从实验和心理学分析中获得数据,并以此来改进和检验经济学假定。

弗农·洛马克斯·史密斯于 1927 年元旦出生于堪萨斯州的威奇托市(Wichita),其时正逢大萧条前夕。他说自己是这个古怪时代的幸存者,一个站在悲剧肩膀上的赢家。他是他母亲再婚后生的唯一一个孩子。他的母亲 22 岁丧偶,丈夫是一名铁路消防员,在一场列车相撞事故中丧生。弗农有两个同母异父的姐姐。

史密斯一家用人寿保险赔付金买下了一座小农场,弗农则在本地一所只有一间教室的乡村校舍读书。1934 年,史密斯一家失去了农场并重新返回城市,之后弗农进入威奇托北高中(Wichita North High School)。

可想而知,弗农很早便开始了工作。起初是在当地一家汽水店,接着他在 16 岁时进入波音飞机制造厂,负责测试 B-29 轰炸机的炮塔系统。为了能进入加州理工学院学习,1944 年,弗农用一年时间在一所贵格会学校——公谊大学(Friend's University)——学习了物理、化学、微积分、天文学和文学。

弗农最终实现了其目标,并于 1945 年 9 月坐上了从圣塔菲开往洛杉矶的火车。他听过莱纳斯·鲍林(Linus Pauling)、罗伯特·奥本海默和伯兰特·罗素的课。

史密斯起初学习的是物理,后来又将专业转向电气工程学,并于 1949 年获得理学学士学位。然而,他曾修过经济学课程并为之着迷。于是他回到了堪萨斯大学,在 1952 年拿到经济学硕士学位,之后进入哈佛大学学习,于 1955 年获得博士学位。

在哈佛大学,史密斯见识了爱德华·张伯伦(Edward Chamberlin)如何在教室中进行经济实验,于是当他在普渡大学(Purdue University)开始执教生涯时,他决定采用这项技术来向学生阐述微观经济学。在这个过程中他偶然发现了一种方法,可以检验传统经济理论及其范畴之外的观点。在经过进一步试验之后,史密斯在 1962 年的《政治经济学杂志》(*Journal of*

Political Economy)上对其试验进行了介绍;在 1964、1965 和 1967 年,他又陆续发表了多篇实验性文章。

1967 年史密斯离开了普渡大学,并在斯坦福大学执教一年后搬去了新英格兰。1968 到 1972 年间,史密斯起初就职于罗得岛州的布朗大学,后转至马萨诸塞大学。1972 到 1973 年间,行为科学高级研究中心授予了史密斯研究员职位,其后他在加州理工学院任杰出学者(1973—1975 年)。在加州理工学院时,很多人劝说史密斯在正式报告中对其实验体系进行详细阐述。1976 年他开始了这项工作。这次史密斯的大本营是亚利桑那大学,他获得诺奖的研究大部分是在此开展的。2001 年,史密斯来到弗吉尼亚州的乔治梅森大学(George Mason University),其职位仍为研究学者。2008 年,他在橘子郡的查普曼大学(Chapman University)成立了经济科学研究所,目前担任经济学教授。史密斯建立了实验经济学研究国际基金会并担任基金会主席,同时他还是独立学院咨询委员会的成员、华盛顿哥伦比亚特区的加图研究所(Cato Institute)的高级研究员。

最有代表性的是,危地马拉的马洛京大学(Universidad Francisco Marroquín)以弗农·史密斯的名字来命名其实验经济学研究中心。他还开创了弗农·史密斯奥地利经济学派进步奖。

史密斯已婚,育有四个子女。

从古典视角反思经济学

关于“大萧条时期”有一种简洁的描述：人们肆意地违反那些在亚当·斯密蒙尘的处女作《道德情操论》(1759 [1982])中指出的可谓“分寸”(propriety)的基本规则。莎士比亚的作品《哈姆雷特》中有一段格言就直言不讳地道出了这种违规：

> 不要借钱也别当债主，
> 因为放贷往往会人财两空，
> 借钱会叫你忘了勤俭。

这种观点在亚当·斯密的第二本书《国富论》(1981 年版，第 741 页)中同样有所体现：

理财者在管理他人而非自己的钱财时，不能指望他们像对待自己的财产那样昼警夕惕地看守他人的财产。

莎士比亚以带有诗人锋芒的夸饰手法来阐述真理，而亚当・斯密则是一针见血地评析所谓的“泡沫”。实际上，美国的住房抵押贷款市场泡沫从 1997 年便开始形成，而在泡沫最终大规模崩溃之后，大衰退接踵而至；早在 2001 年房屋的平均价格就已经超越了 1989 年创下的史上最高记录(数据已经过通胀调整)。此后，房价并未缓和，反而继续上升，在 2006 年升势骤停，紧接着走向崩溃。过度的金融信贷资金被投入到了新房地产领域当中，这使得房价远远超过了其他物价及收入所构成的平衡表象。

当我写下这篇文章时，2012 年即将结束，但仍未收到房市复苏的可靠信号；我们将持续关注下去。2007 年年底开始的这场金融危机是最新的一次经济衰退，至今我们已经熬过了第五个年头。值得警醒的是，大萧条始于 1929 年；如果按大萧条时期的持续时间来算，我们现在处于 1934 年末的状态，而那时产量的增长率达到了 7.7%。

从 2007 年起，我便带着非同寻常的兴趣开始对我们的经济状况进行监测，并从中获得了大量信息。毫无疑问，所有在这一领域中公认的政策和经济学专家也都如此：如果你的观点和理解没有与时俱进，你肯定没有坚持学习。所以才应了那句话：“经济学有

一个奇妙的使命，那就是让人们知道他们对自身创造力的认知有多么局限。”（参见哈耶克《致命的自负》，第 76 页）①

“商业周期”为什么是消费者住房周期？

尽管房屋的耐久度极高，但它的确是一种消费品。你可以租用一套房屋，并在居住期间付费享受其包含的服务；你也可以购买一套房屋，提前为其未来提供的一系列服务埋单。这对于有着普通收入的大众而言意味着什么？前文中所引用的亚当·斯密的观点能够说明问题：大部分的购房交易都是用别人（尤其是银行）的钱（other people's money，OPM）来完成的。然而，一旦这笔钱的膨胀程度超过了人们的收入可持续增长的速度，便将危及到银行的所有储户，包括那些租房生活的无辜民众。

如果大部分人都主要依靠 OPM 来购房，且房价像 2007—2009

---

① 在我发现现代均衡经济学无法解释我从上世纪五六十年代的实验室市场试验中学到的内容之后，我开始广泛寻找更好的理论，这时我才开始接触哈耶克的作品。同样，在认识到我们在 80 年代得到的二人实验博弈结论在博弈论的框架之下不能成立之后，我开始研究亚当·斯密的《道德情操论》。后提到的这一点所涉及的范围远远超过我将在此展开的内容（见 Smith, 2008a, 2008b）。在此我只想说明重审和反思基本原理的必要性。我认为，我在实验经济学领域的大多数同事都只是像自动装置一样机械地替换着效用函数——用固定的套路将“其他”的结果补充到“原本”的结果之中，从而使得所有研究结果表面上都与理论一致。至于那些出乎意料的结果，他们会在事后使用能让结果落在可预测范围之内的效用函数来调整模型，以此进行补救。

年间那样下跌,那么许多人所住房屋的实际价格就会低于其抵押贷款本金。2012 年,美国有超过 22%的准业主的房贷超过了其住房的市值。他们陷入了资产负债危机之中。然而,这种情形不适用于以商品和资金流动为基础的经济模型。与此相对,放贷银行也面临着同样的问题。大衰退就是住户—银行资产负债表收缩的直接产物。这不仅仅是一种“财富效应”——一种没有完整意义或内涵的标签(类似“流动性陷阱”)。对于大多数人而言,他们的财富就是他们的房屋资产净值,而此时它却是个负值——在人们分期还贷、慢慢修复失衡的财务状况时,它就像黑洞一般弥漫在人们的黯淡前景之中。由于得失间存在着根本上的行为不对称性,这会带来一系列极为严重的后果:“当情况变糟时,我们所承受的痛苦要超过情况好转时所享受到的愉悦。因此,节俭的首要目标是寻求安全感……比起野心勃勃地争取更大利益,安分守己地保护好我们已有的利益显得更为迫切。”(见亚当·斯密《道德情操论》,1982 年版,第 213 页)这种持续的负担解释了这样一个事实:尽管取消抵押品赎回权给银行和住户间的财务状况造成了严重影响,这在当时看来极为残酷[①],但事实上它是一种对银行和住户的解脱。

直到今天,银行业仍在广泛经受着资产负债损失,尤其是当我

---

① 1934 年,由于失去了抵押品赎回权,我们家在堪萨斯州的农场交给了银行。

们发现美国最大的两家银行——美国银行和花旗银行——都在以各自账面价值一半的价格售卖其股票的时候;这生动地说明了投资者有多么不信任银行处理其资产账面价值的方式。①

我想指出的是,事实证明从长远来看,典型的经济衰退都与新的住房开支密切相关,就像此次大衰退一样,只不过这次房市的起伏及其对整个经济的影响尤为巨大。住房与经济形势之间的一致性是宏观经济学分析和政策中最为守卫森严的秘密。我和同事史蒂文·吉尔斯塔德(Steven Gjerstad)在研究过去的14次经济衰退时是从此次大衰退入手的。我们在了解了大衰退的背景、住房来源以及危机的规模之后,认为这次经济衰退可能是个反常现象。但是在我们回顾了大萧条和之后的12次经济衰退之后,我们意外地发现:大衰退除了比其他经济衰退更为严重以外,并无其他反常之处(见Gjerstad and Smith, 2009a,2009b)。

用一幅绘制着美国14次经济衰退中住房开支占GDP百分比

---

① 在你依靠抵押贷款来购房时,银行会完全按照贷款的本金值来计算,但如果潜在的房屋抵押价值低于贷款本金时,市场却会让这笔贷款的价值大打折扣。银行虽然意识到了这个问题,却无法通过账目将其完全掩盖住:这就解释了为何银行在其财务状况好转之前不愿给出新的贷款净额承诺。2012年,银行的营业收入仍呈负增长态势;新抵押贷款流通量也为负值,即本金减少的数额超过了新增贷款数额。2008年以来,联邦存款保险公司(FDIC)监督了超过400家中小银行的破产程序,并将其资产以相当于当前市值的折扣卖给了财务状况好转的幸存银行。这正是破产的意义所在:即便不能避免损失,至少能做到快速修复伤痕累累的资产负债表,从而让世界的运转回到正轨之上。然而,尽管银行巨头们免于承受其他银行所经历的艰辛折磨,但整个经济仍在苦苦挣扎,世界也没能正常运转起来。

的曲线图,便可以形象地展示我们的研究。这一数据在大萧条之前连续三年下降,似是某种不祥的征兆;在此次大衰退爆发之前也有近两年(2007—2008)的下降期。这两次大的经济危机[1]的确非比寻常,但是在这中间发生的程度较轻的数十次经济衰退都有一个共同特点:几乎在所有经济衰退(14 次中有 11 次如此)发生前,都存在房市下滑的情况。以此为标准来预测经济衰退的确存在一些误判(错误地肯定或否定),但每次例外——比如 1946 年二战后

图 2.1　1920—2010 年间在新独户及多户住宅上的支出额占 GDP 的百分比(图中的条状阴影部分代表着最近 14 次经济衰退时期)

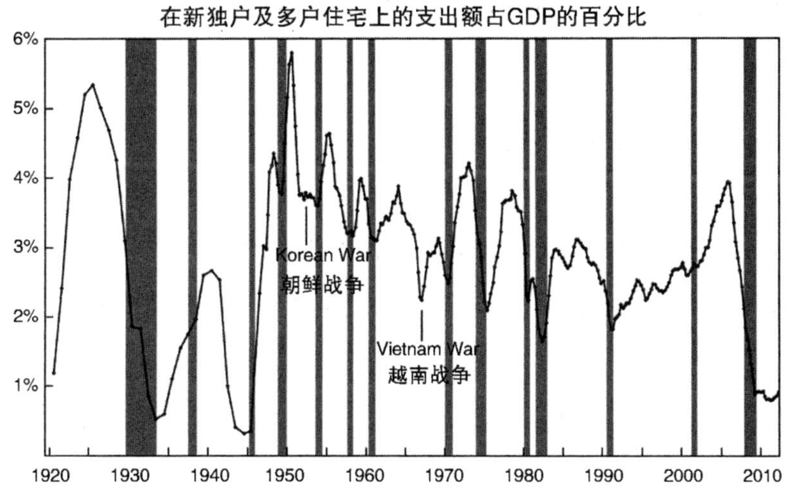

来源:Gjerstad and Smith 2012:ch.5,fig.1

① 指 20 世纪 30 年代的大萧条(Great Depression)和 2008 年以来的大衰退(Great Recession)。中译本注。

的房屋改建,以及朝鲜战争和越南战争的延迟效应——在审视了其特殊的外部环境之后就都完全可以理解了(见 Gjerstad and Smith, 2012)。

目前为止我只提到了房市作为预测经济衰退的重要指标具有连贯性——其连贯性之强已经到了美国联邦储备委员会都无法坐视不管的程度。[①] 但住房开支与经济回暖之间又有什么联系呢?经验告诉了我们一个简单明了、任何人都能看懂的答案:如果房市没有回暖,经济就无法持续复苏。大衰退也许是个例外,但其余波尚未平息。图表为这个观点提供了证据:在每次经济衰退后紧接着的白色区域内,住房开支占 GDP 的百分比都呈上涨趋势。

大衰退究竟是谁之过?

从根本上来说每个人都有错,但谁也没有比谁错得更多。犯错者包括:买房者,房产中介,贷方,抵押贷款发放者,银行,“金融创新”(抵押担保证券——在上世纪 20 年代时以抵押债券的形式出现——以及信用违约互换,美其名曰“保险”等等),取消监管者

① 美国联邦储备系统理事会副主席唐纳德·科恩(Donald L.Kohn)的一番直言让人耳目一新,有助于读者的理解:“虽然我过去就很担忧房市崩溃所可能带来的影响,但我可以说,其实际代价远比我和其他观察家的预测要大得多。我们尤其低估了房价大幅度下跌的可能性、房价骤跌给住户带来的危机程度,最重要的是,我们低估了更广泛的金融体系在面对危机时的脆弱程度。”(Kohn, 2008,第 33 页)

(deregulators),监管者,财政大臣,政客,央行行长等等。正所谓:"我们遇上了敌人,而他就是我们自己!"(Smith, 2007)每个人都陷入了对房价飙升的愈演愈烈的短视妄想之中。

2008年,包括阿兰·布兰德(Alan Blinder)、约翰·麦凯恩(John McCain)、希拉里·克林顿在内的各路政客,都公开承认住户—银行资产负债表收缩问题正在阻碍正常的家庭消费和银行借贷,这一问题应该得到解决——就像大萧条时期那样。[①](房主贷款公司[HOLC]成立于1933年,它购买并重新发行了100万份房屋抵押贷款,目的在于反映这些房屋当时的市场价值,减少本金与新市场价值之间的差额。在当前这场经济衰退中,我更倾向于将资产重组纳入银行破产程序的一个环节,以此来实现上述目的。但我认为振兴由纳税人出资的房主贷款公司要远胜于同样由纳税人埋单的布什或奥巴马刺激计划。)那么这些提议是否在奥巴马执政期间促成了坚定可靠的两党共识呢?答案是没有,虽然比尔·克林顿可以轻而易举地促成这项共识,取消你那放在1997年

---

① 阿兰·布兰德(2008)是执政民主党的长期顾问,他建议收购负资产抵押贷款并用以市场为基础的新抵押贷款替代之。据说这一提议获得了民主党参议员克里斯·多德(Chris Dodd)的支持。希拉里·克林顿(2008)也提议复兴房主贷款公司,但作为早前的民主党总统竞选者,她的这一观点似乎没有被奥巴马采纳(http://online.wsj.com/article/SB122230767702474045.html)。总统候选人约翰·麦凯恩也在第二次总统竞选辩论中公开支持这一计划。参见《麦凯恩提出3000亿美元住房计划》,《华尔街日报》2008年10月7日(http://blogs.wsj.com/washwire/2008/10/07/mccain-announces-homeownership-resurgence-plan/)。

价值高达50万美元的房子的财产收益税！人类天性使然，以致我们只能在造福或危害所有人的行为上达成共识。这一点早在一世纪的《圣经》故事中就得到了体现，故事的结局是："让无罪之人投掷第一块石头吧。"

货币政策和财政刺激政策在资产负债危机中收效甚微

让我们这么来看：在过去80年里发生的两次经济大萧条中，太多的财务决策节点出现了负资产平衡的局面——即债务数额超过了抵押资产的市值。这也就是说与债务普遍低于抵押资产市值的情况相比，这些节点上的资金流动（以及商品服务倒流）是受到干扰的。在负资产情况下，某一决策节点的资产平衡表类似于一个连接着该节点的半空水箱：流经这个节点的部分水源被导入了水箱之中——为了修复这个节点的资产水位。

因此，虽然我相信（事实似乎的确如此）美联储委员会主席本·伯南克（Ben Bernanke）遏止（我不敢说"防止"）了更大灾难的发生，但不得不承认，货币政策和刺激计划收效甚微。[①]

---

① 冰岛的命运最为"坎坷"。冰岛的GDP下跌幅度远超美国，但连续五个季度以来，它正以5.5%的增长速度从经济低谷中复苏（见Gjerstad and Smith, 2012）。冰岛不可避免地采取了紧缩政策，其货币虽然崩溃，但其出口在紧缩政策的刺激之下有所好转，财务状况开始恢复，而且冰岛不像受制于欧元的爱尔兰、希腊和西班牙一样深陷经济失衡的泥淖之中。在20世纪30年代也是如此，在各国纷纷与黄金脱钩之后经济就开始呈现回暖之势。

我们正在经历的是人类历史上前所未有的时代。在我看来，美联储充分检验了弗里德曼-施瓦茨(Friedman-Schwartz)1963 年的货币供给模型(参见米尔顿·弗里德曼、安娜·施瓦兹,《美国货币史:1867—1960》),即大萧条的“起因”是美国央行没能为金融体系提供充足的流动资金。这场检验始于 2007 年 8 月 10 日,一直持续到 2008 年 9 月,期间“资金流动性不断增强”。然而这项举措并未达到人们的期望值,因为银行不仅仅有资金流动性问题,还存在偿付能力问题。因此在 2008 年第四季度,美联储从众多金融机构的资产负债表中抹去了近 1.3 万亿美元的垃圾资产。即便如此，正如前文所指出的那样,美国最大的两家银行在 2012 年时距离正常的资产水平仍有距离。市场上仍然存在庞大的垃圾资产。

我的假设是:1930 年时银行也存在偿付能力问题,且单靠供应流动资金已无法阻止大萧条的发生。我相信大衰退会引导我们更广泛地理解经济危机和弗里德曼—施瓦茨货币供给模型,并在此基础上重新审视大萧条,其结果要么会推翻这种假设,要么会印证它。

除此之外,财政刺激计划之所以低效,其原因与宽松货币政策相同:太多收入通过各个节点流入了负资产的水箱。政府给民众开出支票(布什经济刺激计划就是这么做的),这些钱大部分或被用来还债,或被储蓄起来,还有一部分用在了沃尔玛里,最终流向货源地中国。[①] 接着中国将支票回收转化为美国国债，而国债发行的本来目的是为政府开支提供资金支持。布什和奥巴马经济刺激计划没能重振住户—银行资产负债表。

人们之所以期待财政刺激计划发挥出货币刺激政策所不及的效用，归因于一个巧合(亦是一个争论)：直到20世纪40年代政府开始增加战时开支时起，我们才真正逐步走出经济大萧条。[②] 但是在1940年之前，我们对资产负债表的修复已经长达十年之久——破产、止赎权、去杠杆化以及房主贷款公司。没有证据能够证明在财政状况遭到严重破坏的1930年，同样的财政刺激政策仍能发挥效用。

20世纪后半叶我们一直在强化一个观念，即我们对货币和财政政策已经了如指掌，我们不会再次被大萧条那般的经济危机所折磨。然而这个观念被粗暴地推翻了。我们曾自信满满地认为，自己实际掌握的知识比看起来更多；然而我们的观念是错的，伪装也已被撕破。我们要做的是找寻出路而非追究责任，因为责任是永远追究不完的。

---

① 就宏观流动模型而言，可以说边际消费倾向已经降低，政府开支乘数比起正常状态时更接近1.0。这的确可以为资产负债危机中正常收支流动的变化提供一部分解释；另一个原因是在2009年第二季度之后，经济刺激计划导致美国进口骤增(相对出口而言)，进一步削弱这一政策潜在的国内效应。

② 我第一次听到这个观点是60年前在哈佛大学阿尔文·汉森(Alvin Hansen)的两堂研究生课(商业周期和货币理论)上，1952-1953。

参考文献

1.Blinder, A. 2008. *From the new deal, a way out of a mess*(《从新政出发,走出困境》). *New York Times*(《纽约时报》), 24 February. http://www. nytimes. com/2008/02/24/business/24view. html.

2.Clinton, Hillary. 2008. *Let's keep people in their homes*(《让人人有家可归》). *Wall Street Journal*(《华尔街日报》), 15 September. http://online. wsj. com/article/SBI22230767702474045. html.

3. Friedman, Milton, and Jacobson Schwartz, Anna. 1963. *A Monetary History of the United States, 1867-1960*(《美国货币史:1867-1960》). Princeton: Princeton University Press.

4.Gjerstad, Steven, and Smith, Vernon L. 2009a. *From bubble to depression?* (《从泡沫到萧条?》) *Wall Street Journal*, 6 April, p. A15.

5. Gjerstad, Steven, and Smith, Vernon L. 2009b. *Monetary policy, credit extension, and housing bubbles:2008 and 1929*(《货币政策、信用扩张及房地产泡沫:2008 与 1929》). *Critical Review*(《批判性评论》), 2-3, 269-300.

6.Gjerstad, Steven, and Smith, Vernon L. 2012. *At home in the Great Recession*(《经济大衰退中的家庭》). In *The 4 Percent Solution*(《4%的解决方案》), ed. B. Miniter. Dallas: Crown Press.

7.Hayek, F. A. 1988. *The Fatal Conceit*(《致命的自负》). Chicago: University of Chicago Press.

8.Kohn, D. L. 2008. *Monetary policy and asset prices revisited*(《重审货币政策和资产价格》). Speech at the Cato Institute 26th Monetary Policy Conference(加图研究所第26届货币政策会议), Washington D.C., 19 November. Published 2009, *Cato Journal*(《加图期刊》), 29(1): 31-44.

9.Smith, Adam. 1759 [1982]. *The Theory of Moral Sentiments*(《道德情操论》). Indianapolis: Liberty Fund.

10.Smith, Adam. 1776 [1981]. *An Inquiry into the Nature and Causes of the Wealth of Nations*(《国民财富的性质和原因的研究》, 又名《国富论》), vol. 2. Indianapolis: Liberty Fund.

11.Smith, Vernon L. 2007. *We have met the enemy, and he is us*(《我们遇上了敌人,而他就是我们自己》). AEI-Brookings, Paper 07-32, 20 December.

12.Smith, Vernon L. 2008a. *Theory and experiment: what are the questions?* (《理论和实验:有哪些问题?》) *Journal of Economic Behavior and Organization*(《经济行为与组织杂志》)73, pp. 3-15.

13. Smith，Vernon L. 2008b. *What would Adam Smith say*? (《亚当·斯密会说些什么?》) *Journal of Economic Behavior and Organization* (《经济行为与组织杂志》)73, pp. 83-86.

Chapter 3

彼得·戴蒙德

Peter A.Diamond

美国人

诺贝尔经济学奖得主

2010

2010年4月,面对国内持续发酵的住房及就业危机,美国总统奥巴马提名了三位联邦储备理事会的新成员人选。美国参议院通过了其中两人的任命,但由阿拉巴马州参议员理查德·谢尔比(Richard Shelby)领导的共和党人却阻止了对第三人——彼得·戴蒙德的任命。共和党人声称戴蒙德在制定货币政策和应对危机上经验不足。

在此次提名过去六个月后,官方宣布戴蒙德与戴尔·莫滕森、克里斯托弗·皮萨里德斯(Christopher Pissarides)共同获得2010年的诺贝尔经济学奖,以此表彰"他们对于存在搜索摩擦情况的市场的分析"。这三位获奖者构建了搜索市场(例如就业市场,其市场参与者之间往往不会实时沟通)的理论框架。搜索过程要花费时间和资源,这会引起市场摩擦。他们的模型有助于人们理解经济调控对失业率、职务空缺和薪资水平的影响,同时还能帮助政府找到最佳解决方案。搜索理论还可以应用到其他许多领域,尤其是房地产市场、货币理论、公共经济学、金融经济学、区域经济学以及家庭经济学之中。

诺贝尔奖委员会从更广义的角度表彰了戴蒙德在市场摩擦方面的成果,包括他对市场缺失、世代交叠,以及更为"传统"的财政学理论的研究。

对于此次诺贝尔奖的颁发，参议员谢尔比称瑞典皇家科学院的出发点“不是判断谁有资格效力于”联邦储备理事会。2011年6月6日，戴蒙德在《纽约时报》的评论版上回绝了对他的提名，并对一些与他相关的言论做出了回应。他指出，理解劳动力市场是制定高效货币政策的关键所在，而且美联储的工作中心不仅仅是危机应对，还应包括危机预防。他对于劳动力市场和资本市场的研究与这些议题密切相关，前者是他获得诺贝尔奖的核心，后者也同样得到了诺奖委员会的肯定。

彼得·阿瑟·戴蒙德于1940年4月在纽约市出生。1960年，他以优异的成绩从耶鲁大学数学系毕业，后于1963年获得麻省理工学院博士学位。

1963至1966年间，戴蒙德在加利福尼亚大学伯克利分校任教。1966年，他回到麻省理工学院担任副教授，并于1985—1986年间担任经济学院院长。1997年，他被授予“学院教授”称号（麻省理工学院设立的一个荣誉称号）。

1965年，戴蒙德写下了他的第一本主要著作，并在28岁时被推选为世界计量经济学会院士，之后成为会长。戴蒙德还曾担任美国经济学会主席，是美国文理科学院院士以及美国国家科学院成员，并于1988年帮助成立了全国社会保险学会。戴蒙德以其在美国社会保障政策上的研究著称，同时，他在上世纪八九十年代作为社会保障咨询委员会顾问的工作经历也让他声名远播。

戴蒙德已婚,育有两个子女。

就业与失业

在我们学习经济的运作过程时,对"市场"的提炼至关重要。所谓提炼也就是建立模型。要建立一个市场模型,我们依据的是某一特定商品的供需及其达到供需平衡时的价格——该商品处于这一价格时其产量刚好能满足其市场需求量。就拿雪铲来举例。冬天时,商家囤积雪铲以待销售,而人们也纷纷四处求购雪铲。上文所说的提炼(即模型)与这个例子接近,却不完全一致——因为商家囤积的雪铲不一定都能卖出去,也不是所有家庭都能及时买到雪铲。市场模型未能解决一个更复杂的问题:商品是由谁从哪家店买来的。然而,模型却点明了一点:大部分时候,即使完全没有中央计划,产品库存和购买需求二者大体上也能以销售的方式进行对接。有些市场的运作模式较为特殊,例如季节性服装市场,因为只有部分商品是在黄金季节卖出,还有一部分则是在过季后的降价销售中卖出,而且随着潮流变更,有些商品压根儿卖不出去。

任何模型都是现实的简化版本,所以会忽略某些要素,尽管这些要素只对部分议题意义重大。因此,当环境发生变化时,有用的模型能引导我们弄明白一部分情况,不过它对于了解变化的其他方面没有帮助。比如说,如果生产雪铲的成本上升,其价格往往趋于上涨。如果人们预测严寒将至,对雪铲的需求便会增加,其价格同样趋于上涨。我之所以使用了“趋于”这样的委婉说法是想说明:虽然有一种力量驱使着价格上涨,但也有可能存在其他因素对价格造成相反的影响。如果我们能收集到同一段时间内某商品在不同情况下的销售数据,我们甚至可以预测出情况有变时该商品的价格和销量波动。

要想扩大模型的应用范围,我们可以将价格造成的供求失衡纳入考虑之内。政府可能会给雪铲的售价设限,使其低于能够达到供需平衡的价格水平。这会引起商店里雪铲的库存耗竭,即使其价格不断攀升,仍有部分人买不到雪铲。又或者人们获悉一场大风暴即将来临,于是争相购买雪铲,而一些商店为了维护商业信誉可能不会涨价,这样一来雪铲脱销,同样会造成雪铲价格上涨、部分人买不到雪铲的局面。在这类设定中,如果价格不能达到市场平衡,则要么导致产品滞销堆积,要么导致消费者空手而归。

从一个重要方面而言,劳动力市场是较为特殊的。在美国,每个月有上百万名劳动者上岗。与此同时有差不多相同数字的劳动者因为辞职、解雇或退休而离职。就业人数的变化指的就是庞大的上岗人数与离职人数之间相对较小的差值。例如，据估计，2011年11月美国有413.2万人上岗，同时有398.6万人离职。就业人口发生了14.6万人（即413.2万人减去398.6万人）的变动。然而，总有人对工作求而不得——他们就是失业者。同时，也有许多企业对人才求而不得——无人可用，或者说职位空缺。在上文提到的简单的市场模型中，要么供过于求，要么供不应求，但二者不可能同时出现。然而，美国的劳动力市场总是充满着变数，过量的供应和过量的需求不仅同时存在，而且每时每刻都存在着。

因此我们便要问：劳动力市场和雪铲市场的差别到底在哪儿？什么样的市场模型能在我们研究劳动力市场时提供更多信息？

企业生产并销售各类型号的雪铲，不同的企业生产出的雪铲也不尽相同。从我们的疑惑出发，我们不必考虑“谁买到了哪种雪铲”或“谁在哪里买到了雪铲”之类的问题（尽管商家和生产者对这些问题很感兴趣）。但是当我们讨论劳动者和岗位问题时，出于种种原因我们不得不关心各类工作在不同劳动者之间的具体分配，不得不关心商业周期对就业人口、失业人口以及因不满其职业前景而辞职的人口所造成的影响。同时我们极为关注政府如何通过货币及财政政策来控制找不到合适工作的人口数量。

目前在这类问题上的研究者们已经意识到，一个同时包含失业和职位空缺两个要素的劳动力市场模型，比单纯只反映一个方面的模型更有利于政策分析工作的开展。这种既包含失业人口又包含职位空缺的建模方法被称作搜索理论,即求职者和用人单位往往要耗费时间和精力来搜索对方。我们可以将新上岗人数同求职人数及职位空缺数联系起来。这一点让我们不再局限于研究工资水平导致劳动力市场失衡的过程和原因。原来的这种思维方式的不足之处在于没有认识到其他因素的重要性,而在约翰·梅纳德·凯恩斯 1936 年出版的巨著《就业、利息与货币通论》一书中,其核心就是对这一认识的创造性分析。凯恩斯将自己的方法同早前的普遍分析方法(即所谓的古典思路)进行了比较。他写道:“古典理论惯于假定货币工资具有流动性,并在此基础上推断经济体系具有自我调节的特征;另外,当经济出现僵化时,古典理论总是将经济失调的责任归咎到僵化上。”(第 257 页)遗憾的是,如今的一些分析家仍把视线局限在工资调整问题上,过度关注“粘性工资”(sticky wages)(即不会灵活变动的工资类型),他们认为只要能快速调整工资水平就足以应对周期性失业问题,却忽略了经济运作的其他方面。

也就是说,凯恩斯认为,要想理解 20 世纪 30 年代大萧条时期的高失业率问题并由此为经济政策的制定找到更好的依据,我们在面对高失业率时仅仅考虑工资调整是远远不够的。在他看来,最核心的要素在于人们愿意消费的额度以及高失业率情况下的新投资量,即有效需求。这种观点同样适用于我们正在经历的经济大衰退。

图 3.1 职位空缺和劳工移动率

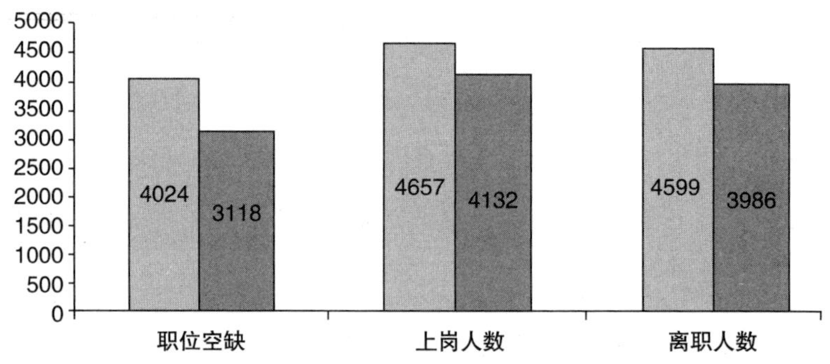

注：图中所有数字均以千人为单位。

来源：美国劳工统计局新闻发布会，职位空缺数和劳工流动调查报告（JOLTS），2012 年 2 月 7 日；美国劳工统计局新闻发布会，职位空缺数和劳工流动调查报告，2008 年 2 月 12 日。

继续正题，让我们把美国 2011 年 11 月的经济数据与四年前大衰退开始前的数据进行比较。2007 年 11 月有 465.7 万人上岗，459.9 万人离职。在职人数仅发生了 5.8 万人（465.7 万减去 459.9 万）的变化。如图 3.1 所示，2007 年 11 月的上岗和离职人数较之 2011 年都更高，但其总就业人数的变化更小。上岗人数的走高背后是大量的职务空缺。上岗和离职数据都是通过采集大量样本企业的上月在编人员流动数来计算的，这种测量建立在该月总体情况的基础之上。职务空缺数据则不然，它是基于该月单个时间点的情况来计算的。不过这种算法反映了整月数据，因为一般情况下职务空缺很快便能得到填补，且人们随时可以上岗。据估计，2007 年 11 月有 402.4 万个职务空缺，而 2011 年这一数据只有 311.8 万，下降了 25%。由于失业人口的增加，岗位空缺填补得更加迅速，因此 2011 年上岗人数与岗位空缺的比例略高于 2007 年——由 1.16 上升至 1.33。

对于 2011 年的惨淡经济状况，中央政策要解决的是岗位空缺数量过少的问题。当企业相信扩大招聘能增强其销售能力、进而扩大销售额时，它们就会创造新的岗位空缺。当员工辞职跳槽到更好的岗位时也会留下一个可获利的待补空缺。当就业机会不理想时，辞职人数就会减少——2011 年 11 月的辞职人数比 2007 年减少了 22%。

面对普通的经济衰退，政府运用货币政策来增加岗位空缺。中央银行通过降低利率来降低借贷成本，从而刺激消费和投资支出。有效需求的增加能促进企业加大生产，因为它们期望增加产品销量。当企业雇佣了更多员工、支付了更多工资后，这些员工就能扩大消费，从而增加产品销量并促使企业雇更多人。这种良性循环被称作乘数效应，它有利于减轻经济衰退，将经济拉回正轨。

在大衰退时期，美国央行（即美国联邦储备系统）尽其所能地降低了利率——毕竟利率再低也不能低至负值。而且美联储还采取了非常规措施（购买资产）来促进经济增长。然而，考虑到此次衰退的严重程度、银行体系萎靡所带来的残余影响，以及住宅和商业地产的价格骤跌等因素,美联储的措施仍显不足。美国政府采取了一系列财政政策来支援货币政策:临时性减税,增加政府开支,向各州政府提供资金以缓解它们由于税收缩水而采取的削减开支举措。由于这种糟糕经济状况的持续时间超出了最初的预计,许多财政政策已经失去了效力,下一步我们应该思考如何促进经济更快速地增长,以及如何提高就业率和盈利能力。

制定经济政策的关键在于全面考虑经济的运作过程、建立模型并观察模型是否与经验事实相适应,这样我们才能时刻留意并准确预测出这些政策对经济的潜在影响。从就业流动角度对劳动力市场模型所进行的优化改进,正是我与戴尔·莫滕森、克里斯托弗·皮萨里德斯获得2010年诺贝尔奖的核心基础。如果您想了解这项研究或其他诺贝尔经济学奖得主的著作,或者您想观看在斯德哥尔摩举行的颁奖典礼,可以登陆诺贝尔奖官网:http://www.nobelprize.org/nobel_prizes/economics/laureates/。

Chapter 4

戴尔·莫滕森

Dale T. Mortensen

美国人

诺贝尔经济学奖得主

2010

2010年的诺贝尔经济学奖颁给了三位经济学家，他们专注于研究一个普遍存在的、但在经济衰退时显得尤为突出的问题。这次颁奖可谓适逢其时。

市场（尤其是就业和房地产等市场）中的“搜索摩擦”影响着买卖双方，因为每个人都在寻找对自己而言最理想的情形。比如，你也许已经找到了一处心仪的住所，可是它是否处在最佳地段？或者你也许正在寻找一批薪资要求合理且具备某类技能的员工，但如果你需要的这批员工全住在城里的话，在城郊开设高科技工厂是否合算？

在搜索过程中花费的时间和精力会逐渐蚕食人们的信心，尤其对于那些求职者而言。一个人会在搜索了多久之后停下脚步、原地不动，转而接受不那么理想的工作岗位或者继续深陷在失业的泥淖之中？

彼得·戴蒙德、戴尔·莫滕森和克里斯托弗·皮萨里德斯对这些“摩擦”进行了研究，以弄清如何制定出适应市场需求的最佳经济政策。

研究得出的一个结论是，我们应该审慎地确定失业救济标准——数额太高会降低失业人群的就业动力；太低的话又会使他们陷入贫困陷阱，逐渐与其工作行业脱节。

莫滕森花费了数十年的时间来研究看似属于常识的内容，这在经济学界很常见。然而，他将宏观经济学层面的劳工流动率和劳动再分配、研发以及个人关系等问题也纳入了其研究范围之内。莫滕森认为，摩擦指的就是贸易伙伴出现的随机性。如今，人们在分析劳动力市场及就业政策的效力时广泛采用他的这一方法。

罗伯特·昆（Robert Coen）是西北大学（位于伊利诺伊州的埃文斯顿市）荣誉退休的经济学教授，他曾解释道："莫滕森改进了展示市场运作过程的经济模型，这一举措为系统性评估经济政策对市场表现的影响（例如失业救济或就业补助对失业率和劳动力分配的影响）打好了基础。"

戴尔·托马斯·莫滕森于1939年2月出生在俄勒冈州的恩特普赖斯。他在俄勒冈州塞勒姆市的威廉米特大学获得了经济学学士学位，后在宾夕法尼亚州匹兹堡的卡内基梅隆大学获得了博士学位。莫滕森于1965年进入西北大学任教，目前是该校经济学艾达·库克讲座教授（Ida C. Cook Professor of Economics）。莫滕森拥有多项荣誉和显赫头衔，在2006—2010年间，他曾担任丹麦奥尔胡斯大学经济学和管理学的尼尔斯·玻尔（Niels Bohr）客座教授，校内还有一幢建筑以他的名字命名。他还是西北大学理事会（Northwest Board of Trustees）教授。

莫滕森已婚，育有两个子女。

大衰退及后危机时期的失业问题

2008 年 9 月国际金融企业雷曼兄弟(Lehman Brothers)破产,此后,欧美经历了自大萧条时期以来最为严峻的金融市场动荡及银行业危机。尽管美国财政部和美联储迅速采取了措施来防止金融市场的彻底崩盘,但很明显,现有的常规手段已不足以实现这个目标。为解决这一问题,布什总统于 10 月 3 日签署了一项名为“问题资产救助计划”(TARP)的 7000 亿美元的法案,旨在为银行体系及金融市场提供更广泛的支援。同日,美国劳工部的劳工统计局宣布上月失业人数达到 15.9 万人,衰退幅度达到五年来最高。

接下来的两年间,道琼斯工业平均指数、纳斯达克综合指数和标普 500 指数与 2007 年年底的鼎盛时期相比都下跌了 20%以上。据估计,住宅房屋的贬值幅度更大,平均下跌约 40%。虽然银行体系最终稳定了下来,但经济危机及家庭资产贬值对就业和商品服务生产所造成的影响却在持续。在这段时期(即我们所说的大衰退时期),美国出现了二战以来最大的一次失业潮。早在 2007 年 12 月,就业人数就已经开始走下坡路。该月的就业人数高达 1.38 亿,而两年后这一数据已跌至 1.29 亿,失业率上升了 5 个百分点,超过了劳动人口的 10%。到 2011 年年底,就业人口仅仅恢复至 1.32 亿人,失业率也才下降到 8.5%。由于劳动人口以每年约 1%的速度增长,所以即使奥巴马总统在 2009 年 2 月通过并签署了财政刺激计划,在之后两年为美国经济注入了 7870 亿美元的政府资金,现有的就业人口仍与趋势线相差至少 700 万人。

虽然我们没能完全预测出大衰退的爆发时机,但它的发生原因十分清楚。住房价格在经历了很长一段上涨期之后,房价泡沫最终破裂。家庭住房遭遇了七十多年来的首次贬值,随之一同贬值的还有以这些房产作为抵押的抵押贷款。当时银行存在为问题贷款(正是这些贷款引起了房市泡沫)展期的可疑做法,市场中还引入了尚不熟悉的复杂金融工具,以向投资者销售这些抵押贷款,这些都加重了困难局面。再加上一个没有足够资金储备来应对风险的银行体系,这些问题共同引起了这场危机——一场需要美国联邦政府和国家中央银行(美联储)采取空前措施来应对的经济危机。

但是为什么所有这些金融业发展会对劳动力市场造成影响?银行业危机和失业问题之间究竟有什么联系?对于这些问题,经济学家们没能很好地作出解答,部分原因是由于金融危机相对罕见。① 的确,2008—2009 年经济大衰退是二战以来唯一一次由金融危机引起的经济衰退。换句话说,我们实在是缺乏历史经验指导。

由其他原因引起的程度较轻的经济衰退则比较常见。所有这些经济衰退都有一个特征:对求职人口——官方统计数据将其定义为失业人口——造成了巨大波动。图 4.1 展现了二战结束以来

图 4.1　1948—2010 年间美国的失业率

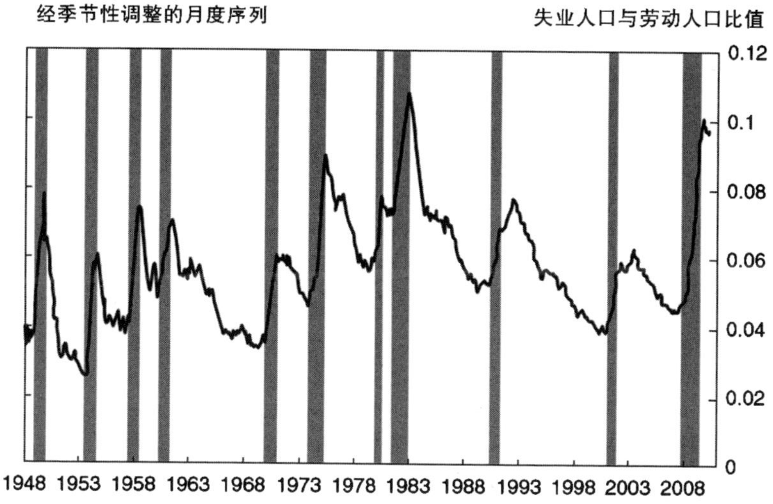

经季节性调整的月度序列　　失业人口与劳动人口比值

0.12
0.1
0.08
0.06
0.04
0.02
0

1948 1953 1958 1963 1968 1973 1978 1983 1988 1993 1998 2003 2008

来源:美国劳工统计局

---

① 卡门·莱因哈特(Camen M.Reinhart)和肯尼斯·罗格夫(Kenneth S.Rogoff)在其 2009 年出版的著作《这次不一样:八百年金融荒唐史》(*This Time It's Different: Eight Centuries of Financial Folly*, Princeton, NJ: Princeton University Press)一书中总结研究了过去八百年间的金融危机史。

的美国失业率官方数据(横轴表示年份,纵轴表示失业率数值,阴影部分代表的是由国家经济研究局下属委员会界定的各个经济衰退时期)。[①] 如图所示,1948 到 2010 年间共发生了 11 次经济衰退,平均每五至六年一次。失业率的长期平均值约为 6 个百分点,相比之下这一数据在 1983 年和 2008 年的经济衰退——这一时期中最为严重的两次经济衰退——中几乎翻了一倍,又在其后的某些兴盛时期下跌了近一半。

什么是失业率?它为什么重要?它测量的是什么?最后这个问题很复杂,以下这段来自去世已久的著名喜剧搭档阿伯特(Abbott)和科斯特洛(Costello)的滑稽对话就能体现这一点:

科斯特洛(下简称 C):我想聊聊美国的失业率问题。

阿伯特(下简称 A):好主意。时代凋敝,如今的失业率大概在 9%左右。

C:这么多人没有工作?

A:不,没工作的人占 16%。

C:你刚刚说的是 9%。

A:9%的人失业。

C:是呀,9%的人没有工作。

---

① 详见 http://www.nber.org/cycles/sept2010.html。

A：不是，是 16%。

C：好吧，也就是说 16%的人失业了？

A：不对，是 9%。

C：等等。到底是 9%还是 16%？

A：失业人口占 9%；没工作的人占 16%。

C：失业就是没工作啊。

A：不，你不能这么算。主动找工作的人才能算失业者。

C：但是……他们都没有工作呀！

（来源：*The Economics of Abbott and Costello*［《阿伯特与科斯特洛的经济学》］posted in the online edition of *The Huffington Post*［《赫芬顿邮报》］，28th November 2011© Barry Levinson，2011.）

阿伯特是对的。官方的失业人口统计中只包含积极寻找工作的劳动力群体，但劳动人口却是由字面意义上的失业人口（即没有工作的人）和就业人口构成的。这种测量方法排除了那些想工作但已经放弃求职的人，以及那些想获得全职工作的兼职工作者。不过，美国人口普查局用所有这些测量方法统计了约六万户美国家庭，并将数据收录到每月发布的人口调查统计（CPS）之中。图 4.2 展示出了近年来的各类失业统计方法①，它很好地解释了科斯

① 此图数据以及其他劳动力市场数据均由劳工统计局汇编并发布在 www.bls.gov 上。

特洛的疑惑:2011 年 1 月,官方给出的失业率为劳动力总数的 8.3%,但总计有 15.5%的劳动人口要么处于失业状态但有求职意愿,要么想得到全职工作。然而,如图 4.2 所示,无论是狭义的官方失业测量法,还是广义的失业涵盖范围,从商业周期来看其走势大体上趋近,因此它们同时反映出了一种在经济中发挥作用的力量。

图 4.2　美国劳工统计局全国失业率各类统计数据比较

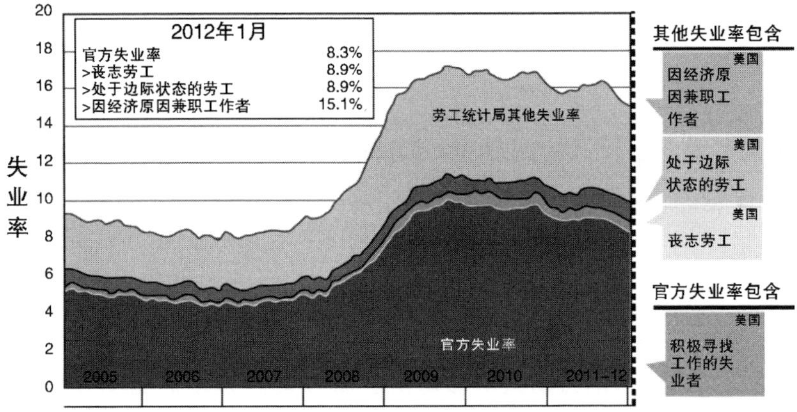

来源:美国劳工统计局

* 译者注:丧志劳工(discouraged workers)指的是希望得到工作,但在求职失败后放弃了寻找的劳工;处于边际状态的劳工(marginally-attached workers)指的是那些目前既无工作又没有主动求职的劳工,但他们表明自己有工作意愿且曾得到过工作,近期有时也找工作。

失业率测量方法的问题,说明了美国对国民劳务输出这个经济中最最重要的资源的浪费率之高。图 4.1 清晰地表明,在经济衰退后的数年内失业率仍将居高不下(这个现象在最近几次经济衰退中尤为突出)。事实的确如此,失业率在 2009 年 12 月达到峰值 10.1%,然而整整两年之后失业率仅仅降至低于 9% 的水平。如此高的失业率说明美国有能力提供更多商品和服务。举个例子,5% 的失业率——此次衰退发生前十年的失业率平均值——与 10% 的失业率之间相差着 750 万本可以就业的人口。2010 年美国就业人口的人均商品服务货币价值(即就业人口的人均 GDP)为 112 000 美元(14.6 万亿美元除以 1.3 亿就业人口),由此对这一年的国民收入的合理估计应在 8400 亿美元左右。相比之下,一年的国防预算约为 7000 亿美元。当然,就当年 1.2 万亿美元的财政赤字而言,如果把想要获得全职工作的兼职工作者也算在内的话,GDP 的差额远远不止于此。再者,经济衰退本身就是造成空前赤字局面的主要原因,因为在可纳税范围内的收入随着失业问题而下滑。

之所以将失业者定义为主动求职的人,其主要原因在于这些人参与了就业选配过程。在这个过程中,与这些求职者相对应的,是雇主想要填补的职务空缺数量。美国人口普查局每个月进行的职位空缺和劳工流动调查报告(JOLTS)对这两个方面进行了统计:它要求样本企业提供其职位空缺数量以及上月的上岗、离职人数。经济学家们发现,积极求职的失业者数量和职位空缺数量共同构成了决定当月聘用人员流动量的重要因素。[①] 事实上我们可

① 彼得·戴蒙德、克里斯托弗·皮萨里德斯和我由于发现了这一现象并改进了应用这一发现所需要的模型,于 2010 年被诺贝尔奖委员会授予了诺贝尔经济学奖。

以将每月新上岗的失业者人数与失业总人数之比理解为当月普通失业者找到工作的几率。记录显示,这一比例的变化大致上同职位空缺数量与主动求职者数量之比保持一致。这二者之间的关系是由我们所知道的"匹配函数"得出的,它对于我们理解失业率的动态变化至关重要,这在图 4.3 中得到了清晰的体现。

图 4.3　职位空缺数与就业总人数

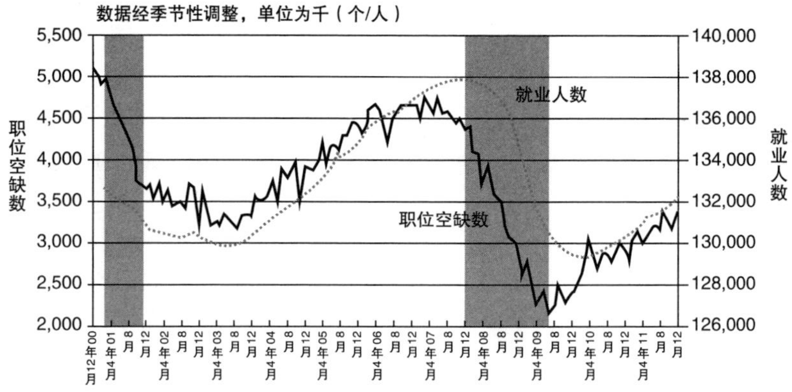

注:阴影区域表示由国家经济研究局(NBER)界定的经济衰退时期。
来源:美国劳工统计局 2007 年 2 月 7 日发布的《当前就业形势调查》以及《职位空缺和劳工流动率调查》。

图 4.3 中的两条曲线表示的是每月职位空缺数量和美国就业总人口的变化趋势,二者的数值分别参照左侧和右侧纵轴,均以千(个/人)为单位。过去十年间,每月的职位空缺数量都在 300—500 万个之间波动,而就业总人口在 2007 年 12 月大衰退开始之际高达 1.38 亿人,到 2009 年 12 月时却已低至 1.29 亿人。图中阴影部分

代表的是最近的两段经济衰退时期，第一次是 2001 年经济衰退，第二次则是 2009 年的大衰退。显然，图中的就业水平曲线以滞后数月的速度随职位空缺数量变化，这刚好印证了上岗与失业人数之比同职位空缺数与失业人数之比之间的比例关系，也说明就业水平的变化调节了每月新上岗人数与下岗人数之间的失衡。

事实上，职位空缺数量的变化是造成就业人口波动的关键所在，这是一个重要发现。当整个经济需要更多商品和服务供应时就会产生劳动力需求，而劳动力需求正是导致就业水平波动的首要驱动力。2003 年 8 月（前一次经济衰退的低谷时期）到 2006 年 8 月（2001 年经济衰退之后职位空缺数量开始复苏的时间点）期间发生的职位空缺数量波动，其原因相对容易理解。这与 2007—2008 年金融危机的前因后果也密切相关。

从 2003 年 8 月到 2006 年年中，这段时间内职位空缺数量急剧上升，与此同时，住宅及其他不动产的价格也在以远超整体物价通胀率的水平上涨。房地产相对价格的上涨造成了两个重要影响。首先，拥有住房的家庭将其住房的升值看作是一种财富积累。对于几乎所有家庭而言，房产都是他们最主要的投资产品，因此面对房价上涨带来的这笔意外之财，大部分人的反应是扩大消费，尤其是购买一些耐用品，如轿车、休闲露营车或游船等。然而，这段时期中等家庭的可支配收入却上涨得相对较慢。由于开支激增，人们开始扩大借贷，包括以增值的房产为担保来获得抵押贷款，而银行在通融的货币政策的支持下也能够并愿意向人们提供利率相对较低的贷款。与此同时，建筑业从房价上涨中渔利，且由于利率较低，建筑商们能通过银行借贷来雇用更多建筑工人，建造更多房地产。接着，对商品服务需求的激增促进了该领域的就业，进而带动经济其他领域的就业兴盛。

房价泡沫注定会破灭，而且会带来可怕的后果。虽然人们总是理所当然地相信房价绝不会下跌——毕竟除了1989年到1990年之间的小幅度下跌之外，大萧条时期以来房价从未下跌——但是就在2006年，房价开始下滑。彼时人们已经在耐用品消费上有所收敛，一部分是因为他们近期已经添置了新家当，同时也由于他们开始要为这些借贷购置的新家当偿还本金和利息。此外由于住房贬值，人们无法继续扩大借贷，他们开始真正意识到调整投资策略、减少债务负担的好处和必要性。与此同时，银行所持抵押贷款的价值也随着担保房产的贬值而下跌。这些贷款的违约率的上升，进一步削减了银行资本价值。这场银行危机使得银行逐渐加大了对企业——尤其是那些大量招聘员工但尚未大规模盈利的新起步企业——的贷款限制。人们的消费需求日益下滑，加上银行业大危机带来的借贷限制，在二者的共同作用下职位空缺数急剧下滑——就业水平也随之骤跌。

政府官员和决策者以强劲手腕来应对此次经济危机。前文已经提到了一些稳定银行体系的政策措施。虽然大众对紧急财政援助措施很不买账——这可以理解,因为紧急财政援助措施看上去是在帮助那些造成危机的罪魁祸首——但是绝大多数经济学家都承认,这一措施以及后来为保持银行变现能力而实施的货币政策,共同阻止了未来百年内的第二次经济萧条的全面爆发。然而,即便用于分配资本的必要上层建筑得以存留了下来,失业问题的根源仍未得到解决,人们对现有商品服务的需求依然低迷,而且这一情况在近期内难以好转。家庭消费需求的下降反映了一个现实:美国家庭——经济意义上全球重要的消费者群体——试图通过省钱来减少其债务。实际上,许多人曾经(甚至如今仍然)因为抵押贷款违约而面临失去住所的风险;有能力偿还贷款的人也将还贷列为了家庭预算表中的首要任务。

商品服务过剩问题反映到市场上则变成了高失业率问题,我们应该进行两种形式的价格调整,以此消除这种失衡。首先,我们应该下调利率以鼓励人们大胆消费。然而由于已有贷款的违约率过高,银行已经无力负荷额外风险。它们要么彻底取消了住房购买和商业投资方面的贷款业务,要么为了降低预期的额外风险而提高了利率。为了消除银行提高利率带来的影响,美联储在主席本·伯南克的带领下采取了旨在降低美国联邦基金利率——活期储蓄存款和银行同业拆借的利率——的传统货币政策。很显然这些举措未能力挽狂澜,部分原因在于这些利率本身已经降至了零界点附近。就算利率降至负值能帮助经济重回正轨,传统货币政策对此也无能为力。因此,美联储启动了一项资产购买战略来影响债券及其他长期信用工具的利率,这也就是我们所说的量化宽松政策(QE)。虽然这些措施行之有效,但它们没能直接解决首要问题——低消费需求与高社会生产力之间的矛盾。

由于商品服务供过于求的直接表现是劳务输出过剩,因此理论上来说,工资率相对于物价而言也会下降,这将鼓励企业雇用更多员工。事实上,实际工资率的确低于预期,但物价也有所下跌,其中一个原因是企业设法大幅提高了自身的劳动生产力。由于企业认为人们的消费需求在短期内难以回升,所以它们不会通过雇用更多员工的方式来提高生产力。相反,企业会辞退更多员工或雇用报酬更低的兼职人员,以此改善盈利状况。由于工资下降和企业裁员这两个原因,家庭的劳动收入急剧下滑,进一步加深了家庭消费需求的紧缩。当然,联邦政府可以通过增加在公共需求——国防、教育和基础设施建设等——方面的政府开支来缓解民众个人消费需求的不足。实际上奥巴马总统在 2009 年 2 月提出并启动了 7870 亿美元的财政刺激计划(即美国复苏与再投资法案),其中包括增加联邦开支和大规模减少个人及企业税费。除了退税政策之外,政府为了避免企业进一步裁员还降低了雇主工薪税,并延长了失业救济金领取期限,以便为长期处于失业状态的家庭提供可支配收入。当时人们对于财政刺激计划支出项目的效果存在大量争议。有的人批评它浪费资源、具有误导性,还有人认为它规模太小。如今再回顾起来,权威专业人士基本上都认为这项法案在 2009 到 2010 年间,在很大程度上阻止了失业问题的恶化。的确,在 2011 年这笔财政刺激资金用完之后,当年的失业人口中出现了大量老师、警察及其他公务人员,他们都受雇于国家和地方政府,其工资曾得到法案的财政支持。2010 年 11 月,执政党失去了对国会的控制权,这项财政刺激计划最终没能维持下去。取而代之重回人们视野的是经济危机造成的政府税收减少问题,以及由此积累的巨额联邦债务隐患。

在大衰退结束后的两年间,一些经济学家提出,造成经济复苏缓慢的原因不仅仅是消费需求不足。他们指出,2010 年上半年美国的职位空缺情况出现了些微好转,但失业率并未随即下跌,这说明在就业选配上出现了一些此前没有的新问题。例如,2010 年 8 月,著名的学院派经济学家、现任明尼阿波利斯联邦储备银行主席纳拉亚纳 · 柯薛拉柯塔(Narayana Kocherlakota),在密歇根州马凯特市的一次演讲中对上述事实发表了这样的看法:"职位空缺数和失业人口之间的关系变化意味着什么?简而言之就是选配失当。企业有岗位空缺,但找不到合适的雇用人选……美联储没法把建筑工人变成工厂工人。"

美国的建筑业随着新住房单元需求的骤跌而遭受了毁灭性打击,这一点毋庸置疑,但这一行业就业率的下跌幅度远低于整体就业率的下跌幅度。还有一些人提出,许多家庭要么承担的房贷高于其住房价值,要么想卖房却找不到买家,因此无法搬到就业机会更多的地方去生活,这使得一个重要的劳动力市场调节机制无法正常运作。失业救济金领取期限的延长被指是导致失业率下降速度缓慢的另一个原因。然而,最近有人试图量化各种可能引起失业的因素的影响力,其结果显示这些因素最多只促成了失业率0.5%—1.5%的上升,但失业率实际上升了5%。[①] 换句话说,一旦社会总需求恢复到经济衰退前的水平,那么失业率会下降至长期平均值,而这一数值在6%左右,并非5%。

2011年私营部门的情况有一丝回暖,但公共部门却急剧收缩。实际上,直到2011年末就业人口总收入才与劳动年龄人口的增长速度达成平衡。2012年初,甚至在汽车和其他制造业领域都出现了可就业岗位增长的经济复苏迹象。然而欧洲爆发的新一轮金融危机使其重新陷入经济衰退之中,这将对美国经济在短期内的强劲增长造成威胁。中东的动荡局势导致能源价格走高,这也将危及美国的经济复苏。因此,约700万亟待重回正轨的失业人口要

---

① 近期在这类课题上的研究有:*Evaluating the Role of Mismatch for Rising Unemployment*(《就业选配失当对失业率上升的影响评估》), Gadi Barlevy (2011), Federal Reserve Bank of Chicago(芝加哥联邦储备银行); *Measuring Mismatch in the US Labor Market*(《美国劳动力市场就业选配失当测量》), Aysegul Sahin, Joseph Song, Giorgio Topa, and Giovanni L. Violante (2011), Federal Reserve Bank of New York(纽约联邦储备银行); *The Recent Evolution of the Natural Rate of Unemployment*(《自然失业率的近期发展》), Mary Daly, Bart Hobijn, and Robert Valletta (2011), Federal Reserve Bank of San Francisco(旧金山联邦储备银行)。

想实现再就业,其过程会比过去历次经济衰退的再就业过程都要长。不仅如此,再就业的过程情况很复杂,因为一方面大量失业者久疏职场,另一方面还有大批的社会新人压根儿没机会参与其中。因此,长期失业者已经失去了提高未来劳动生产率的重要技能,而年轻的失业者们还没学会这些技能。这一大衰退带来的附加效应会加重未来的失业问题。

显然,这个预测和我们想听到的“好消息”相差甚远。但是经验告诉我们,经济复苏总会到来,而且某种我们目前还不得而知的、令人振奋的新技术正在未来等着我们,为我们带来新一轮的经济繁荣。为了迎接那一刻的到来,我们应该全面投资教育和创新事业,为未来的经济繁荣打好基础,同时处理好 2009 年金融危机造成的过量政府债务等长期问题。

Chapter 5

安德鲁·斯宾塞

A. Michael Spence

美国人

诺贝尔经济学奖得主

2001

在任何市场或交易中,往往有一方参与者处于优势地位——垄断市场的卖家、选项众多的买家或是任何掌握更多信息的有利方。安德鲁·迈克尔·斯宾塞、乔治·阿克尔洛夫(George Akerlof)和约瑟夫·斯蒂格利茨(Joseph Stiglitz)对存在着这种"不对称"信息的市场进行了分析,他们的研究构成了现代信息经济学的核心。三人因此而共同获得了2001年诺贝尔经济学奖。

虽然人人都希望在市场交易中占据上风,但就整体市场而言,这种失衡有时并非好事。例如,阿克尔洛夫的研究表明这种失衡可能会使第三世界市场的利率走高,还可能在劳动力市场中引发歧视问题。

斯宾塞考量了一系列增强平衡的方法,并认为"传递信号"是一种广泛的市场解决方案,且它在个人层面也有好处。这个想法很简单——具有信息优势的市场参与者用统一的方式进行投资推广,向其潜在合作对象宣传自己的优势。这类信号的成本可能很高,而且就其本身而言并没有价值,但传递这样的信号可以提高市场的整体标准,使"买家"更有信心,从而让市场得以更自由地流动。

斯宾塞举了教育的例子。在开放的就业市场中,潜在雇主需要找出最好的应聘者。投资教育能够提高全体劳动力的质量,使整个社会受益,而劳动力能将其教育水平的信号通过简历传递出来。

继续深造的人能获得更多益处,即使他们所受的教育内在地并没有价值。例如,对于一份在剧院里的工作而言,一个地质学学位可能派不上什么用场,但拥有学位这件事本身就是一种衡量智力的基准,同时还代表着良好的职业道德。

安德鲁·迈克尔·斯宾塞于1943年出生在新泽西州的蒙特克莱市,父母是加拿大人。他的父亲是战时价格与交易委员会(War Time Prices and Trades Board)的成员,因为工作关系而频繁前往华盛顿。

斯宾塞在加拿大长大,并在多伦多大学附属学校接受了"水平一流的、自由式的"教育。1962年他进入普林斯顿大学学习哲学,1966年,他获得罗德奖学金并进入牛津大学莫德林学院学习数学。1968年,斯宾塞回到美国,结合其所学专业转而进入哈佛学习经济学。1972年他以一篇研究市场信号传递的论文获得了博士学位,对此他开玩笑道:"(这篇论文的)信号似乎接收得非常好。"——该论文获得了大卫·威尔士奖(David A. Wells Prize)。

那时,斯宾塞已在哈佛大学的肯尼迪政治学院执教一年。

之后，他来到了斯坦福大学担任经济学副教授，他的学生包括比尔·盖茨和史蒂夫·鲍尔默（Steve Ballmer）。一年后，斯宾塞返回哈佛大学担任正教授。

1983 年，斯宾塞成为了哈佛大学经济学系主任，并于第二年担任艺术与科学院院长。1990 年，斯宾塞回到加州的斯坦福大学并担任该校商学院研究生院院长。1999 年，他离开斯坦福大学，任职于橡树山资本合伙公司（Oak Hill Capital Partners）、宝丽来公司及希柏系统软件有限公司（Siebel Systems）。

1982 年，斯宾塞获得了美国经济学会授予的约翰·贝茨·克拉克奖（John Bates Clark medal）。他目前担任增长与发展委员会主席，这是一个独立组织，目标是促进并维持发展中国家的经济高增长。

斯宾塞是斯坦福大学胡佛研究所的高级研究员，并于 2010 年进入纽约大学斯特恩商学院执教。

斯宾塞已婚，育有三个子女。

全球经济的长期发展趋势和结构性变化

介绍

至少就我的观察而言,发展中国家日益上升的经济规模和影响力是全球经济的大势所趋。我在 2011 年出版的《下一次融合》一书中提出,自二战结束起至今,我们的世纪之旅才刚刚走完一半。在旅程之初,例如 1950 年,世界人口的 15%生活在我们如今所说的发达国家中。这些国家基本上都是经济合作组织(OECD)的成员(不包括一些最近加入的新成员)。用今天的美元来计算的话,这些人的人均收入每年超过两万美元。他们很富有。然而他们现在困难重重——这一点我之后会再讲到。

剩下的约 85%的世界人口在 1950 年之前的 200 年内经济状况都没有提高。他们没有参与到从英国开始的工业革命之中。他们很贫穷。他们的收入依地域而有所不同。据合理估计,在东南亚和非洲,个人的年平均收入约 400 美元。拉丁美洲情况略微好些,主要因为阿根廷经济在 20 世纪上半叶曾经历了一段快速增长时期。

很多人曾认为世界经济的这一格局将一直持续下去。但他们错了。发展中国家开始崛起:起初是一部分国家,然后队伍开始壮大,接着在过去的 30 年内,中国和印度进入了高速增长模式。

在 1750 年和英国工业革命开始之前,世界经济增长率几乎可以忽略不计。在接下来的 200 年内,欧洲和美国的经济增长率按实值计算(即扣除通货膨胀因素)约为 2%。然而,发展中国家的经济增长率有些可以达到 7%或者更高,而且这种增长可以持续很长一段时间。为什么二者相差如此之大?那些没经历经济危机但经济增速仍为 2.5%的发达国家是不是出了什么问题?

其实,答案是这样的。罗伯特·索洛教授告诉我们,经济的长期增长是技术进步的结果,因为技术进步可以提高劳动生产力。在发达国家,我们开发并共享新技术。但发展中国家在这方面实在是落后太多了,以至于在很长一段时间内它们都不需要自己开发新技术:它们可以引进技术或向我们借鉴。这个过程可比开发新技术要快得多了。从根本上来说,这就是二战后发展中国家经济高速增长的关键。其中还存在其他许多因素,但这是核心所在。当然,在经济高速增长的过程中,发展中国家的收入和劳动生产力随之上升,于是它们步入了发达国家的行列。它们再也没有可以“借鉴”的东西了,所以它们自己成为了技术的生产者和使用者,就像我们其他人一样。接着,它们的经济增长速度就会下降,甚至降至2.5%。

照此看来,在过去60年的大部分时间里,我们见证着发展中国家扩张式的经济增长。但由于这些国家过去积贫积弱太久,以至于其增长对我们来说算不上什么大事。发达国家无论在经济规模、实力还是地位上都是世界经济的主导者。

于是我们就要谈到当下的特殊历史意义。发展中国家的经济总量即将超过世界经济的一半。它们不再弱小、贫穷、缺乏影响力。中国和印度在其中扮演了关键角色。两国分别有13亿(中国)和12亿(印度)人口,二者相加构成了地球上40%的人口。它们尚不算富裕(印度还落于中国之后),但却正在崛起。欧盟和美国是世界上最大的两个经济体,且二者规模基本相当。中国跟随其后,其规模约为前者的一半,但正以8%—10%的经济增长速度奋起直追。

所有这些都指向两个基本因素。一个是市场占有率,另一个是经济规模。首先让我们看看经济规模。如果(而且事实看来很有可能如此)主要发展中国家在未来几十年内继续保持经济高速增长的势头,接着由于前文提到的原因而开始放慢增速,那么在未来25年内全球经济的规模可能是现在的三倍。这是因为经济增长具有迷惑性。25年前,中国每年的经济增长率为10%,其经济规模每7年就能翻一番。但其经济规模按绝对价值计算却很小。中国当时的经济增长十分显著,但它对世界经济的影响微乎其微。让我们快进到现在。如今中国的经济规模是美国的一半。当中国经济以10%的增长率增长时,它为全球需求和GDP带来的绝对增量极为庞大,其效果相当于美国经济以5%的增长率上升,而美国经济几乎没有达到过这种增长速度。现在你明白了吧!数十年的高速增长已使得发展中国家在世界经济中的作用日益重大,未来它们的增长会极大地带动世界经济的增长。

谈到市场份额(其总和往往用1或者100%来表示)时,其内涵就不那么复杂了。发达国家在世界经济中的市场份额正在下降,而且会继续下降。由于从统治角度来看欧洲(尚且)不是一个统一实体,所以美国一直处于世界经济的领导地位,但美国终会失去这一主导权。虽然美国现在政治失衡、深陷僵局,但它仍然很有可能发展成一个高度创新的成功的中型国家,其市场份额与如今的德国并无二致。

在我写完《下一次融合》一书之后,常有发达国家的居民问我:如果它们(指发展中国家)赢了,我们是不是就输了?简而言之,如果从市场份额和影响力来说,答案是“是的”;如果从经济实绩和竞争力来说,答案是“不”,前提是我们势头稳健。之所以答案是“不”,正是因为发展中国家市场份额增长的背后是全球经济的增长，而不是发达国家的经济收缩。

发展中国家的高经济增长模式如何运作以及何时失效都是值得探讨的问题。我在我的书中对此进行了讨论，而且这也是增长与发展委员会的研究课题。这并不仅仅是闲来无聊的好奇之举：了解经济政治动向以及促进增长的关键政策有助于各界人士对未来前景以及包括投资机会和风险在内的相关内容进行评估。

对此我不作展开，在这里我将重点探讨快速变化的经济格局为全球带来的挑战。这些挑战极为严峻，要战胜它们将需要当今年轻一代的不懈努力，外加一些运气。

经济的自然资源基础

如果前文提到的经济增长是以所谓的传统增长模式实现的，那么未来它将不再奏效。能源供应能够维持到本世纪末，但能源价格将会上涨。页岩天然气开采技术是这一进程中的主要变数，它或许能推迟能源枯竭之日的到来。图 5.1 预测了未来全球的能源消耗走势，可以让读者对此有个概念。

届时，其他商品要么陷入短缺，要么其相对价格上涨，二者都可能导致经济增长放缓。而定价普遍偏低的水资源则会成为一种极度稀缺资源。海洋和其他自然栖息地的总量和生物多样性将会迅速减少，而其后果和爆发的临界点我们却不得而知。

除此之外,我们还面临气候变化问题,这个课题太大,我在此无法展开讨论。当前,大气中的人造二氧化碳排放量达到了每年300亿吨。据科学家表示,要想阻止平均气温急剧上升的情况出现,我们必须将这一数字控制在150亿吨左右。然而随着经济的不断增长,即使是极为乐观地估计,这一数值也将会在未来三四十年之内上升至每年600亿吨。照这个势头发展下去情况将相当危险。从这个角度以及其他许多角度而言,我们正在和地球玩轮盘赌,只要我们继续玩下去,迟早有一天会完蛋。

图 5.1　全球能耗走势图

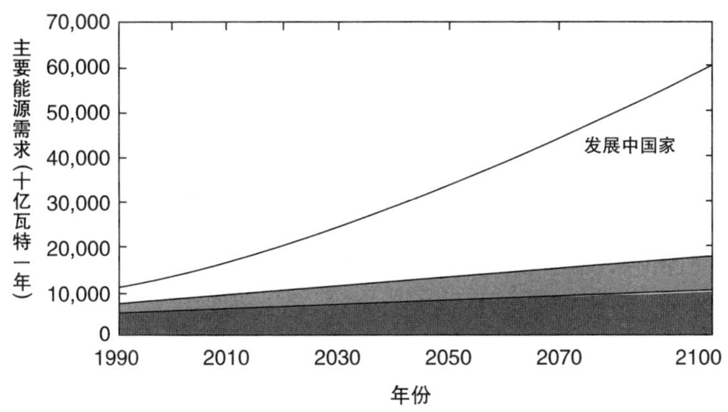

对于这一现实存在两种看法。其一,我们应该停止经济增长的步伐。这一观点得到了许多发达国家人民的认同。他们认为更多消费并不能为我们带来更多幸福,也许只是带来了更多脂肪。但是发展中国家不会接受这样的看法。这种观点不能算作是一种

“解决方案”，而且这么做有失公允。

另一个选项是历经数年创造出一种能与自然相生相息的新经济增长模式。这正是我们如今面临的大挑战。在气候变化这样的重要领域中，我们需要在复杂背景下进行全球合作，但迄今为止还没有什么全球合作的具体迹象。正如你所见，我们在寻找解决方案的过程中存在着大量的分配问题。这些问题不容忽视。全球气候谈判专注于制定50年的长远目标和承诺，但是这项策略必然会失败，因为对于国家而言作出长远承诺的风险太大。尽管没有人知道该如何达到我们的最终目的，但是我们至少知道从哪儿入手，而且有理由保持乐观。建筑能效本身存在很大的利用空间——一旦得以开发便能直接减少碳排放。这属于长线投资，收回成本需要相当长的一段时间。在可持续发展问题上人们的受教育程度正在提高，价值观也在发生改变。这有利于建立一个更为知情的群众基础，能在经济各领域向可持续模式转型的过程中对相关政策给予理解和支持。正如我前文所说，我们需要一代甚至更多代人的不懈努力，然后才算是迈出了第一步。接着，为了实现终极目标，我们还需要大量的创造力和一些运气。

公平问题

需要可持续发展的不仅仅是自然资源。在稳定性、公平问题以及有缺陷的自我制约增长模式等方面，我们还有许多挑战亟待解决。我先从公平问题开始。

全球经济中有两种强大的力量在发挥作用。一个是实现自动化、节省中低水平劳动力的技术。另一个是上亿个涌入日益融合的全球劳动力市场的新成员,他们中的大部分人的技能和受教育程度原先都处在中低等水平。这两种力量的相互作用极大地降低了上述人群的全球收入份额,同时提高了高级知识分子和资本所有者们在全球收入中的所占份额。其结果是收入差距问题越来越泛滥成灾,随之而来的还有中低收入群体的就业问题。如果篇幅允许的话,我还想引用一系列数据来说明这个问题。但放在这里似乎有些占用篇幅。收入差距问题已成事实,而且它正威胁着许多国家和地区的社会凝聚力,包括中东、西欧、美国、中国等等。

在收入差距扩大问题背后作祟的这些势力未必会永远存在,但它们也不会马上消失。它们的长期存在很有可能会打击、破坏现有的政治共识,削弱政策效力,甚至会造成一种更严重的情况:促使民众暴力推翻他们眼中服务于富人、权贵和幸运儿的体制。即使花上很长一段时间,要想对收入、财富和机会进行再分配也不是件容易事。但这是很关键的一步。

我之所以将这个问题放到了可持续发展的标题之下,是因为我越来越相信社会凝聚力的崩塌会削弱政治政策进程的效力,破坏统治结构。而我们应该都知道后者是经济和社会稳健发展的基础所在。

统治问题

战后世界格局主要由发达国家所支配。在这一背景下爆发了冷战，直到1989年才结束。冷战的确改变了很多事，有时让情况好转，但大部分时候是让情况变得更糟。冷战的两个阵营都支持腐败政权，因为腐败政权总是能站“对”边。

但是纵观如今的世界格局，世界经济实力和影响力由一系列有着不同规模、不同发展阶段、不同收入水平、不同首要任务以及不同统治结构的重要经济体共同构成。如果说同质性是实现全球协调的一大优势的话，如今的局面就是一场噩梦。还有另一种观点认为全球经济中存在一个相对温和的主导者会使格局更加稳固。这种观点或许是对的，但这种格局正在逐渐瓦解，因此不作为我们未来的发展方向考虑。更糟糕的是，发达国家集团正面临着财政失衡、经济增长缓慢等问题，欧洲经济更是因为结构失衡及失业率走高而出现了负增长。这些国家忙着为后院灭火，因而小看了全球协作在解决问题上所能发挥的作用。

原先的全球统治体系，即决定事务的轻重缓急以及协调国际政策的地方，是七国集团（G7），它本质上就是一个发达国家俱乐部。七国集团的领导者是（而且现在仍然是）美国。但是七国集团已经不适应时代需求了。要想有效发挥作用，这一体系需要主要发展中国家的积极参与，而这些国家属于一个更大的组织——二十国集团(G20)。G20在2008年金融危机中发挥了作用,但还未能成为七国集团的卓有成效的接替者。

你也许会问:这个体系为什么这么重要?有两种回答方式。第一,这个体系其实是一个非合作博弈均衡(纳什均衡)——在这种情形下,每个参与者都根据其他人的策略来选择最优策略,以达到自己的效用最大化。有时候这种非合作博弈均衡尚且可行(即出现帕累托最优的情况——在不损害他人利益的情况下,没有人能使自己的境况变得更好),但是在统治方面情况却不尽如此。在安全、能源、金融监管与金融稳定、国际货币体系、全球气候变化、贸易及金融开放等多个领域,纳什均衡主要表现为帕累托次优的情况。也就是说,合作为所有人带来的收益要高于各自为战。

对此还有一种说法是供应全球公共产品的必要性。这就是第二种回答方式,它与第一种答案的本质是一样的。让我举个例子。几十年来美元一直作为全球性货币在国际间发挥着作用,如今依然如此。有人把美元比喻成衣柜里污渍最少的那件衬衫。美元受到了财政压力、高政府赤字、经常性账户逆差以及政治斗争(还差点由于国会不愿提高债务上限而在2012年夏天引起技术性违约)等问题的损害。这些问题再加上日渐升高的债务和赤字水平,最终导致美国主权债务评级下调。

因此,构建一个开放、稳定、公平且结构合理的全球经济和金融体系十分重要,而这需要各国共同合作,对全球经济进行监管。

如果做不到这一点，全球经济就可以说是风险和动荡之所在。现有或未来的跨国机构需要增强其能力和威信，而这必然要求某个主权国家能够站出来成为这些跨国实体的代表。就日常具体事务而言，纯粹依靠自愿的体系运作效果并不好，这就像不能指望人们自愿纳税一样。

中国、印度、巴西和其他发展中国家是其中的关键，中国尤为如此。当中国的人均收入达到6000美元时，它将会产生举足轻重的影响力，因为中国人口庞大，且未来规模将会更甚。中国国内对此亦有纷争：一派认为现在就肩负起全球重任对于中国来说为时过早；另一派以及外国人士则认为，中国如果无视其日益增长的国际影响力，将会损害其自身利益，而我也赞同这一观点。迄今为止后者在这场较量中占据上风，但要想完全获胜仍需要时间。而且历史上没有哪个国家曾在发展的较早阶段就开始承担国际管理责任。

信任和统治问题是另一个阻碍。虽然民主是大势所趋，但目前仍有许多非民主国家。这又给建立行之有效的管理集团增加了难度。

发达国家的结构性挑战

我在公平问题中所说的技术力量和全球化力量给困境中的新

兴发达国家带来了结构调整的难题。我们直到现在才开始承认这些问题,真正开始严肃对待它们。值得注意的是,据包括皮尤态度调查(Pew survey of attitudes)在内的许多全球化看法调查显示,越来越多的人对全球化持怀疑和消极态度,发达国家民众尤为如此。

这是有原因的。图 5.2 展示了 1990 年到 2008 年间美国创造的就业岗位数量。经济的可贸易部门指的是可用于交易的商品服务的集合——换句话说,这些产品可以在一国生产,异国消费。这一部分大约占了整体经济的三分之一。非贸易部门(例如政府、医疗保健[大部分情况下]、建筑、零售、餐饮、酒店等行业)的产品则需要在国内生产。人们总是觉得只有商品(如今还包括一些服务)是可贸易的,其他的全都属于非贸易领域,但这种想法其实是错的。在美国,服务——例如金融、电脑设计、咨询、跨国企业管理以及所有商业服务——占据了可贸易部门份额的一半以上。

图 5.2 1990—2008 年美国新增就业岗位数量

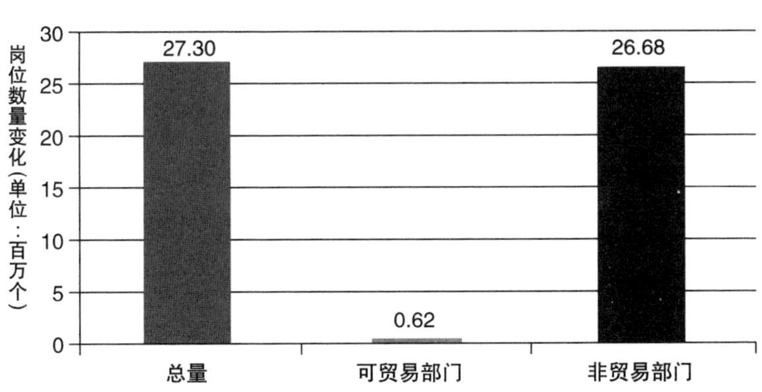

几乎所有的新增就业岗位都在非贸易部门。如果你想要更进一步了解每个行业的就业变化,请继续看图 5.3(浅灰色代表可贸易部门,深灰色代表非贸易部门)。

图 5.3　美国经济各领域的就业岗位数量变化

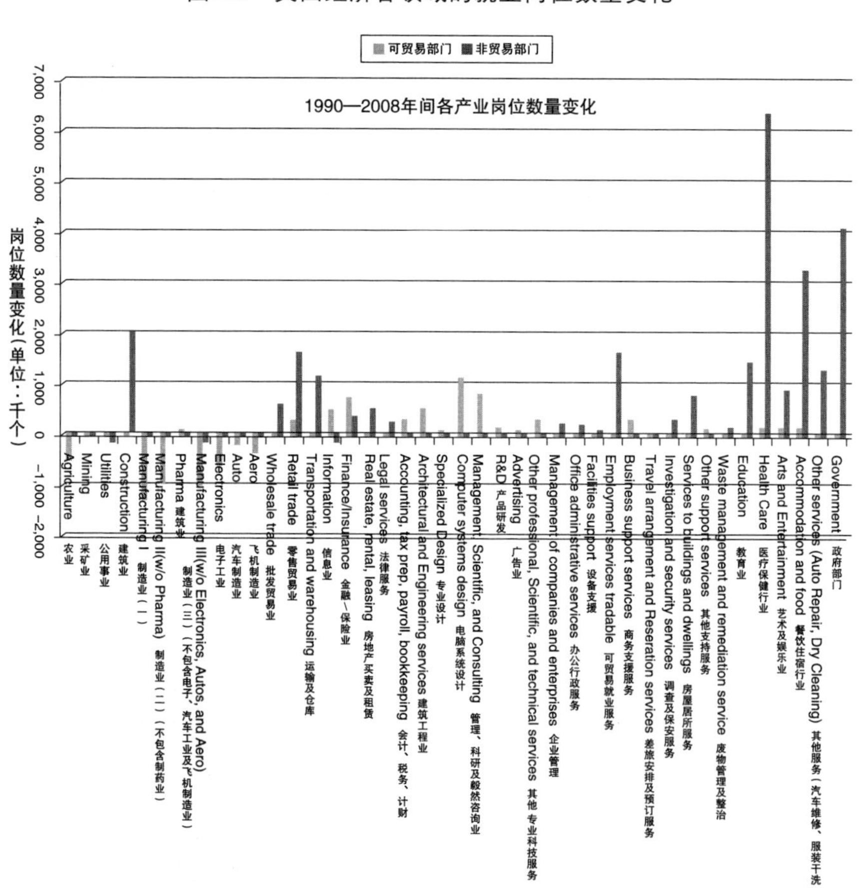

稍微研究一下这幅图你就会发现,新增就业岗位主要集中在政府和医疗保健行业,而且建筑业(直到经济衰退发生前)以及包括零售和餐饮住宿业在内的劳动密集型产业,都对新增就业岗位有很大贡献。在可贸易部门中,一些美国的优势服务业的就业有所增长,而制造业则出现下滑。如果把增减量相抵消我们会发现这一领域的就业几乎没有增长。

有趣的是,制造业的增值产出并未下降。这意味着每个就业者的附加价值得到了大幅提升。同时这也强有力地说明,由于节省劳动力的技术以及全球性外包趋势的出现,那些附加值和技术含量较低的工作在一定程度上从这些行业流向了其他行业。

这些数据并不能让我们得出什么结论,但它们却实实在在地说明了经济危机前美国的经济增长模式难以持续,因为这种增长是由地产泡沫和过度消费(既包括政府也包括私人)所支撑起来的,这种过度消费又建立在举债经营的基础之上。公共领域投资不足很有可能是导致民营领域国内投资也持续低迷的原因。经济危机打破了这种经济增长模式,因此我们目前正在向一种可持续发展的全新经济增长模式艰难转型。这个过程会很痛苦,同时也会很漫长,因为要通过政治进程来解决过渡时期的责任分担问题是件非常困难的事。而且迄今为止,人们是否真正认识到了这一挑战尚不可知。在我看来,人们已经慢慢认识到了这个问题。人们越来越趋于把这场经济危机看作是一次百年风暴,而不是一道由于烤制太久而眼看要失败的菜肴。由于篇幅限制我就写到这里,但对这一课题的探讨远不止于此。

结论

二战结束以来,发展中国家首次进入了经济实质增长期。此间,数亿人摆脱了贫困,这一趋势还将继续。收入越来越高,机会也越来越多。从人类的角度来看,这一系列的趋势极为积极、值得肯定,而且大体上来说前途十分光明。虽然未来仍不乏坎坷,但这一积极趋势应该会保持下去。

但同时,这种增长为我们带来了新的全球性挑战,发达国家中还出现了让人有些不知所措的新问题,而旧的思维方式却对此一筹莫展。这些挑战包括日益凸显的不平等问题,政治、社会动荡的隐忧,社会稳定的重大问题,自然资源中长期可持续发展的问题,以及失衡的、自我限制的经济增长模式。

摆在我们面前的是一盘宏大的棋局,需要经济学和政治经济学下的各个分支的共同努力。对年轻研究者而言,这可以说是一个猎物丰富的环境。这样的研究环境会充满趣味,同时也存在重重风险。

参考文献

1. El-Erian，Mohamed，and Spence，Michael. 2012. *Multiple equilibria，systemic risk and market dynamics：what you need to know and why*(《多重平衡、系统性风险与市场动向:你需要了解的事及其缘由》). *Financial Analyst Journal*(《金融分析师期刊》)，68(5). http://www. pimco. com/EN/Insights/Pages/Systemic-Risk，-Multiple-Equilibria-and-Market-Dynamics-What-You-Need-to-Know-and-Why-.aspx.

2.Spence，Michael. 2011. *The Next Convergence：The Future of Economic Growth in a Multispeed World*(《下一次融合:一个多速发展世界的经济增长前景》). New York：Farrar，Straus，and Giroux.

3.Spence，Michael. 2011. *Globalization and unemployment：the downside of integrating markets*(《全球化与失业:市场融合的消极面》). *Foreign Affairs*(《外交事务杂志》)，July/August.

4.Spence，Michael，and Hlatshayo，Sandile. 2011. *The evolving structure of the American economy and the employment challenge*(《美国经济的结构演变与就业挑战》). Working paper，Council on Foreign Relations.

5. *The Growth Report：Strategies for Sustained Growth and*

Inclusive Development(《增长报告：可持续增长和包容性发展的战略》). A report by the Commission on Growth and Development. World Bank. http://web.worldbank.org/WBSITE/EXTERNAL/EXTABOUTUS/ORGANIZATION/EXTPREMNET/0,,contentMDK:23225680-pagePK:64159605-piPK:64157667-theSitePK:489961,00.html.

Chapter 6

芬恩·基德兰德

Finn E. Kydland

挪威人，现居美国

诺贝尔经济学奖得主

2004

对于政府决策者而言,宏观经济学的目的就是找到一个微妙的平衡点,能使通胀率保持较低水平并营造一个利于生产和就业的环境,以此促进经济的长期增长。然而时间却在与他们作对。时间不一致性问题潜伏在政策推行的过程之中,最终可能导致通胀率走高——这恰恰背离了政策的初衷。

商业周期的波动是造成政策失误的原因之一。传统观点简单地将其归因于消费需求的变化,然而,基德兰德和同获诺奖的爱德华·普雷斯科特(Edward Prescott)在1977年和1982年合作发表的两篇论文却为我们提供了研究这一问题的新思路。在他们1977年发表的论文《规则胜于相机抉择:最优选择的不一致性》中,二人着重强调了决策者在推行政策上的时间不一致性问题。接着,在1982年发表的论文《构建时间与汇总波动》中,他们进一步分析了商业周期背后的驱动力。基德兰德和普雷斯科特的研究为这一课题提供了新的视角,而且奠定了用"新凯恩斯主义"方法研究商业周期的基础。为了表彰他们的成就,诺奖委员会授予了他们2004年的诺贝尔经济学奖。

芬恩·埃尔林·基德兰德于1934年出生在挪威的布耶尔克勒姆(Bjerkreim)其祖父母的农场之中,并在斯塔万格市南约

25 英里的索伊兰乡下长大。他是家里六个孩子中的老大,也是班级中唯一一个完成初等教育之后继续读书的学生——他在 15 岁时进入了布吕讷(Bryne)的一所高中学习。在基德兰德看来,他的高中教育(尤其在数学方面)让他有机会在众多挪威高校中进行选择,不过他在作出选择之前先进入了欧特岱(Oltedal)小学任教。在那里,基德兰德的一位同事雇用他当会计并与他合作经商,这激发了基德兰德对商业和经济学的兴趣。

于是,基德兰德向挪威经济与工商管理学院(NHH)递交了入学申请。最初他的申请遭到了拒绝,但他在服兵役期间学完了一门函授的商业课程,因此他在 1965 年被 NHH 录取。

1968 年,基德兰德获得了理学学士学位,之后成为了他老师——斯登·索尔教授(Sten Thore)——的助理研究员。1969 年,他追随索尔来到了匹兹堡的卡内基梅隆大学。

基德兰德的导师包括罗伯特·卢卡斯(Robert Lucas),据基德兰德回忆,卢卡斯在授课的同时完成了自己的诺奖理论研究;有戴维·卡斯(David Cass),他是第一个鼓励基德兰德将非合作和动态博弈的观点扩展成论文的人;还有罗伯特·卡普兰(Robert Kaplan),基德兰德的主要指导老师。然而当这篇论文得到认可之后,基德兰德迎来了一位新导师——爱德华·普雷斯科特,他成为了基德兰德的博士论文《去中心化的宏观经济学规划》(*Decentralized Macroeconomic Planning*)的指导老师,并在之后很长一段时间内是他的论文写作搭档。

基德兰德于1973年获得博士学位,之后他回到挪威的NHH执教。次年,普雷斯科特作为客座教授也来到了NHH。1976年,基德兰德回到了美国,作为客座教授在明尼苏达大学任教,之后被卡内基梅隆大学聘为副教授。

2004年,基德兰德离开卡内基梅隆大学,来到加利福尼亚大学圣塔芭芭拉分校,目前是该校的杰夫·亨利经济学教授。在这里,他成立了总量经济学与金融实验室。他是卡内基梅隆大学泰珀商学院的理查德·西蒙斯荣誉教授(Richard P. Simmons Distinguished Professorship),并在NHH担任兼职教授。基德兰德是达拉斯和圣路易斯联邦储备银行的助理研究员,同时还是德克萨斯大学奥斯汀分校IC2研究所的一名高级研究员。

基德兰德已婚,有四个子女及两个继子女。

政策连贯性问题

政府经济政策会在某种程度上影响个人和企业的决策动机，如果这种影响产生了积极的社会效应自然最好，但实际上往往事与愿违。那么政府经济政策对人们决策动机的影响到底有多深？鉴于过去数年来全球各经济体的遭遇，这个问题问得正是时候。

宏观经济学的研究对象是整个国家或者多国之间的互动情况。比如说，当宏观经济学在研究上百万个人和家庭的消费决定总和（也就是所有有关单位的总量）以及数千家企业的投资决定（建造工厂、购买机器、建造办公大楼等）时，考虑所有个体决策者的决策动机是研究中很重要的一部分。

在这一点上有个例子能够说明问题。假设一个公司正在考虑向一个工厂投资大约数千万或数亿美元。在工厂的建造阶段这是一笔巨大的支出，因为这一阶段工厂没有产出。为了让该公司有继续推进这个项目的动机,我们假设该公司十分确信该工厂在其运作寿命(也许十年或二十年)期间通过生产产品带来的收入要高于公司投入的成本。

当工厂建成时,它便成为了国家生产资本存量的一部分。国家资本和劳动力投入——具备各种技能的劳动者——二者共同创造了商品和服务输出(部分被家庭所消费,部分被企业用作对新资本的投资,部分被联邦政府、州政府以及地方政府使用),也就是统计学中所说的实际国内生产总值。这个过程得到的总收入可以分为劳动收入(以工资的方式流向劳动者手中)和资本收入(作为企业家的报酬)。

政府的角色

为了提供其应有的服务,政府必须有足够的财政收入来支付其间的费用。政府财政收入的两大主要来源是资本税和劳动所得税。如果企业家知道他所赚的每一元钱中都有三毛钱得交给政府,那么在其判断建造工厂能否盈利时就会将这一因素考虑在内。假设在工厂运转几年之后政府出其不意地宣布:从现在开始企业每赚一元钱就要交四毛钱的税,那情况就变得有趣了。政府的这个决定能轻而易举地把一个盈利项目(此处指的是建造新工厂这件事)变成一件让企业家悔不当初的事。但事到如今投资已经覆水难收,关掉工厂很有可能会更加损害公司的利益。

政府还可以通过另一种方式来影响工厂未来的盈利能力,即实施新的法规限制来抬高工厂的运作成本。在部分国家,企业甚至还要担心工厂在未来被政府无偿(或以极少的补偿)征用(收归国有)。

对未来政策的预期

总而言之,企业家对于未来数年内政策环境的预期极大地影响着其当下要作的投资决定。同时,政府行为很有可能带来大量变数,影响企业对新投资项目盈利能力的评估。

要说明个人和企业对未来政府行为的预期对其当下决策的重要性,例子不胜枚举。其中有一种与政府债务相关的情况大概最为引人注目。前文我提到政府财政收入的主要来源是资本税和劳动所得税。营业税、财产税、关税等也在来源之列。但是如果有一年这些财政收入低于政府的支出预算呢? 政府可能会在其能力范围内通过借贷来填补差额。也就是说政府债务会增加。在一些国家,这种债务常常累积到难以为继的高度。然而到了那时,政府并不像人们指望的那样负责地偿还债务,实际上,历史上的许多政府都曾在其大部分或者全部短期债务上违约。一般情况下这些政府不会明目张胆地违约。它们通过加大货币印刷量来迂回地达到违约目的,有时甚至会造成所谓的恶性通货膨胀局面,而在恶性通胀期间,某一时段的物价年增长率能达到几百甚至几千个百分点。

从一战后德国的恶性通胀局面(因为沉重的战争赔款让德国背上了巨额债务)到现代的津巴布韦案例,类似的例子数不胜数。我有一张津巴布韦联邦银行 2008 年发行的面值为五十万亿元的官方纸币。据我推测这张纸币在当时几乎什么都买不到,因为物价在持续飞涨。20 世纪 80 年代,包括阿根廷和玻利维亚在内的许多拉美国家曾一度陷入了极为严重的恶性通货膨胀之中。1956 年,经济学家菲利普·卡根(Philip Cagan)撰写了一篇文章,其中包含一份对过去发生的所有恶性通胀的调查研究。20 世纪 40 年代中期,匈牙利的恶性通胀是其中最为严重的一次。通常来说,恶性通胀最终结束前的那段时间正是物价涨得最快的时候。根据卡根所记录的恶性通胀数据表,在匈牙利恶性通胀时期物价上涨最快的那个月里,物价平均每天翻三番。这是什么概念?假设该月的第一天一个汉堡卖 1 元,那么第二天就变成了 3 元,第三天 9 元,第四天 27 元,以此类推。这下我们轻易就能算出到月中之时(即使这个月是二月),一个汉堡的价格就超过了 100 万元!

我们再来假设一个人在月初拥有 1000 元的国债(精确起见,假设它为非通胀指数化债券)。短短数天之后,就购买力而言这份国债的价值几乎变为了零。这就是政府摆脱沉重债务的一种方法,当然,在这个过程中政府会对大部分国民造成伤害:例如,退休者会看着他们的积蓄——那些用来保障其退休生活的财产——在眼前蒸发。

全球收入差距

各国人均收入的官方数据显示，国家间的收入水平差距相当之大。不可否认，可计量的收入数据可能无法完全客观地反映该国普通公民的相关福利。一些国家存在大量的非正规部门（黑市），这意味着很多人都比统计数据显示的要富有。除此之外还有一些国家的人均收入数据掩盖了其国内巨大的收入差距问题。然而我们仍应该重视这些数据，尤其是当各国数据差距很大的时候。西欧国家和包括美国、加拿大、澳大利亚、日本、韩国和中国台湾在内的国家和地区的年人均收入大概在 3 万美元左右或者更高。还有很多国家在 1—2 万美元之间徘徊。接下来就是所有的贫穷国家（其中大部分是非洲国家），它们的年人均收入都在 5000 美元以下，有些甚至低于 1000 美元。津巴布韦更是被官方列为年人均收入低于 100 美元的国家！

图 6.1　多国及地区实际生产总值

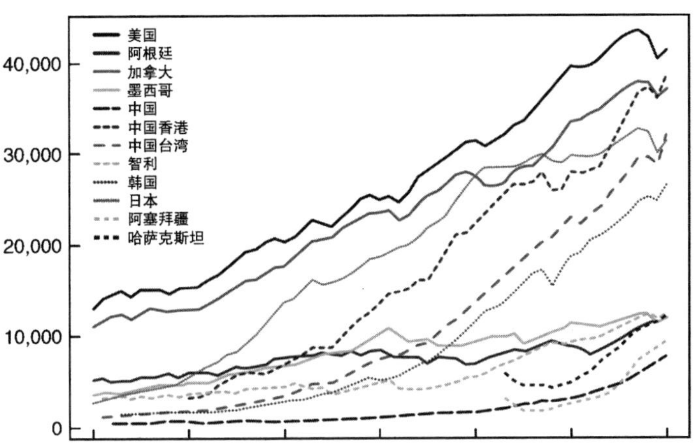

来源：佩恩表 7.1 版（基准年 = 2005）

图 6.2　非洲多国的实际国内生产总值

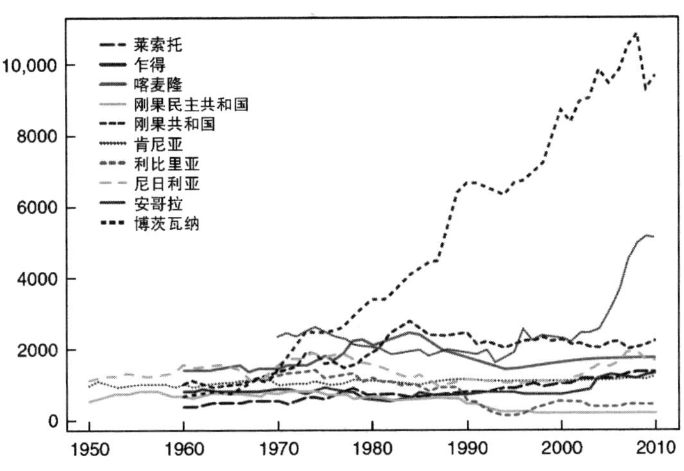

来源：佩恩表 7.1 版（基准年 = 2005）

图 6.1 和 6.2 显示出了各国间的对比。图 6.1 绘制出了多国的人均实际国内生产总值(所有数字均按 2005 年定值美元计算;换句话说,它们都扣除了物价上涨因素。要将这些数字转化为 2013 年的定值美元水平需将其上调约 17%)。有些国家和地区的增长态势十分稳健,正在努力追赶美国和加拿大,值得注意。这些国家和地区包括韩国、日本、中国香港和中国台湾,不过日本在过去 15—20 年间增长势头有所减弱。有些国家的人均实际国内生产总值在 20 世纪 60 年代时还与其他国家水平相当,但自那之后就开始大幅落于人后。这些国家包括阿根廷、智利和墨西哥。图中还有两个在苏联解体后建立的国家,分别是阿塞拜疆和哈萨克斯坦。这两个国家资源丰富,而且从图看来这笔财富似乎得到了很好的利用(要知道对于倾斜度相同的两条曲线而言,靠近图表底部的曲线的增长率要远远高于靠近图表上部的曲线)。最后,鉴于中国因其经济规模而备受瞩目,你可能会对其人均实际国内生产总值之低感到惊讶。

图 6.2 展示了一系列非洲国家的同一指标。让我们比较一下图 6.2 和图 6.1 的纵轴的域值。如果我没有在图 6.2 中加上博茨瓦纳(另一个资源相对丰富的国家)的话,其纵轴的域值本可以设置在 5000 美元左右,而与此同时图 6.1 的纵轴域值却高达约 40 000 美元。

最优政策的时间不一致性

究竟是什么造成了这种巨大分化？证据显示，这种分化主要归因于不同国家在政府本质、政治体系和机构以及是否存在腐败问题等因素上的差异。但是你可能会觉得惊讶，事实上即使是更加富裕的国家也同样面临着一类潜在问题。我们可以称之为最优政府政策的时间不一致性。这个概念听起来很拗口，我会尽量让它更好懂一些（亦可参见《规则胜于相机抉择：最优选择的不一致性》）。

现在让我们来想象一个“理想化”的世界。假设有一种运用数学公式来量化国民当下以及未来福利的方法。这样一来，一个善意的国家决策者就能提前为无限遥远的未来制定好政策（包括税收政策），以此使公民福利值最大化。我们可以把这个政策称为最优政策。这一政策中，在未来实施的部分会对早前的公民决策造成影响（例如前文提到的未来的资本收益税变动对当下投资的影响），这种影响自然也在最优政策的考虑范围之内。总而言之，这项政策对我们在各种预设环境下的行为作出了指示（因为政府政策并不是世界上唯一的变数！）。

假设随着这项政策的实施，一切都相安无事。然而在五年之后，决策者（或者他手下的某个厉害的量化专家）脑中突然灵光一现，决定从此刻开始重新计算最优政策。这实在是多此一举，因为在我们理想化的世界里，已经将未来的蓝图计算在了最初的计划之内。但我们假设决策者还是这么做了。出乎所有人意料的是，最初的计划将会被一个完全不同的政策路线所取代。计算结果似乎显示着：为了国民的利益，政策必须发生改变。不！事实上理论表明，一旦决策者禁受不住诱惑改变了原定政策，这将对社会造成严重的消极影响。

长此以往，这种时间不一致性会造成怎样的后果？假设我们把决定原本的政策计划的那一年用 Y_0来表示。前文已经说过，这项大政策已经额外考虑到了从 Y_5年开始生效的政策（例如税收政策）可能对 Y_0—Y_4年间的民间决策（例如投资）造成的影响。但是到了 Y_5年时，Y_0—Y_4年间的民间决策已成定局。所以如果政府要在 Y_5年重新计算国民福利、制定新政策的话，它只会考虑新政策对从 Y_5年开始的投资及其他民营经济决策所造成的影响，并由此制定出一个与原计划大相径庭的政策。而且政府无疑会提出增加既有资本的资本所得税，并承诺未来再将税率降至原来的水平。为了让其政策变动更具合理性，政府可能会说这是因为当下形势严峻。但对于潜在投资者而言，他们不得不担忧未来的决策者是否会故伎重演。单凭这种不确定就足以对投资活动形成打击，进而阻碍经济的长期发展。

这下你可能会问：如果这是“理想化”状态下的情况，那么在现实中，政策在利益集团及其他因素所施加的各种政治压力下制定出来,情况又会怎样呢?这个问题问得好。这些现实因素只可能让政策一致性更加遥不可及,尤其对于那些制度不健全、产权意识薄弱的国家来说。实际上,一旦我们理解了这个问题,我们就会以新的眼光看待历史上数量惊人的国民经济发展时期。

保障机制的好处所在

这个理论的言外之意是,我们应该保护政策的制定不受政治压力的干扰,建立某种保障机制来确保许诺给民众的好政策在未来也会一直保持下去。许多国家已经理解了这一原则,并在货币政策领域通过独立的(各国程度不一)中央银行开展了实践。例如,德国的德意志联邦银行在其政策制定上的一致性和透明度数十年来一直被视为典范。从这个层面来说,美国的联邦储备银行的表现与其差距不大。英格兰银行在1997年正式成为独立机构。北欧各国的中央银行也普遍非常独立。

与此截然相反的则是包括阿根廷在内的一些国家的中央银行。在一个独立的中央银行中,其行长或主席往往在任长达数年。例如,本·伯南克是自1951年来的第六任美联储主席。相比之下,阿根廷央行在1945年以来的67年间却历经了54任行长——平均一个行长的任期只有1.25年。而在形势尤为混乱的2001年到2002年间,阿根廷央行行长更是更换了四次。

图 6.3　阿根廷劳动适龄人口的人均实际国内生产总值(对数尺度)

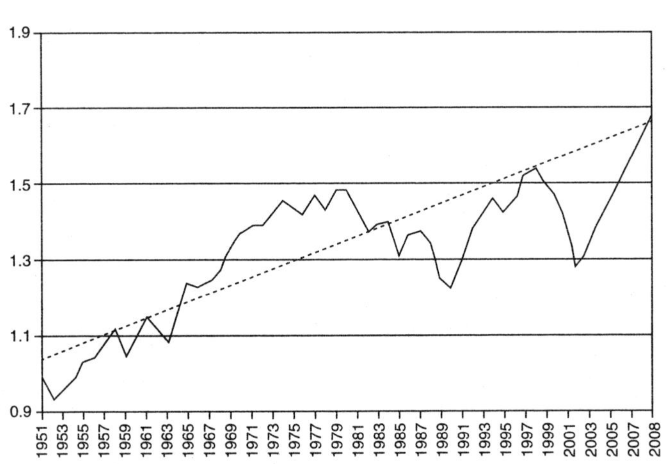

阿根廷的情况很有意思,因为它尝试了一种特别的保障机制——货币局制度。上世纪 80 年代,即所谓失落的十年,阿根廷形势凋敝,国家陷入了恶性通胀之中,政府债务违约,养老金缩水,人均国民产值下滑了超过 20%。1990 年,阿根廷试图重振经济。图 6.3 展示了二战结束后的数十年来阿根廷劳动适龄人口的人均实际 GDP。(请注意,不同于前两幅图,这幅图是以比例值来呈现的,也就是将每个基础数字的自然对数绘制成图。在这类图表中,固定增长率由一条直线而非坡度递增的线来表示。例如,图中的这条直线表示的是这一整个时期内的平均增长率。)当卡洛斯·梅内姆(Carlos Menem)在 1990 年当选阿根廷总统时,为了提高本国投资者的信心,他决定将阿根廷比索对美国的汇率调至一比一,以此积累足够的美元储备,使其货币局政策获得民众的信任。就肉眼观察而言(见图 6.3),此后六年的增长率说明这项政策的确收效甚好。但是接下来大约在 1998 年,阿根廷经济开始走向崩溃。人均产值再次下跌超过 20%,但这次只用了短短五年不到的时间;比索不得不贬值,这意味着突然之间一美元可以兑换到很多比索;银行存款被冻结,阿根廷经济噩运连连。

图 6.4 西欧各国的实际国内生产总值

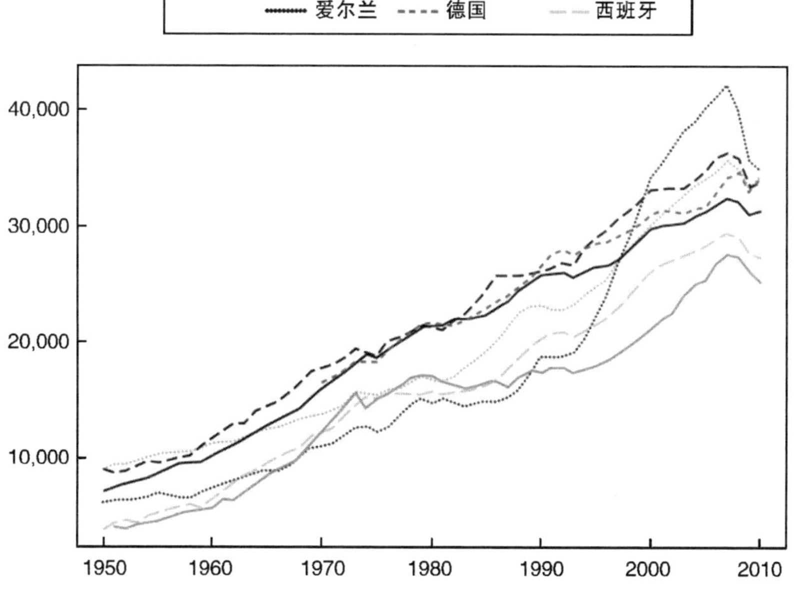

来源:佩恩表 7.1 版(基准年=2005)

对于这个"保障机制"的失败,最常见的解释是当阿根廷看似解决了其货币问题时,当局却忽略了财政方面的政策,即税收和开支政策。货币政策的制定不能完全与财政政策分离开来。首先，二者同受一个预算约束。是的，政府也和我们每一个人一样受这些预算约束。阿根廷各省份借贷现象严重，即便是在90年代经济形势看似不错的时候也是如此。当它们发现自己无力偿还这些债务的时候，它们纷纷跑去向联邦政府求助，而为了收拾这些烂摊子，联邦政府债务迅速膨胀。而这也是悲剧的开始。

要想知道政策的时间一致性被打破的后果有多严重，我们应该看看阿根廷劳动适龄人口的人均商业资本存量。对于一个经济状态良好的国家而言，这一指标应该呈长期稳健增长态势。在阿根廷这一指标于1982年达到峰值。而2008年（这是我们能获得的最新的参照数据）这一比值仍比1982年水平低了10%左右。我敢说即使到了2012年，这个数字仍然低于1982年的水平。

在同样一段时间里（1990年到21世纪初），爱尔兰的情况却完全相反。爱尔兰从20世纪六七十年代开始实行免费的中学教育。于是到1990年时，政府开始意识到本国劳动力技术水平的潜力之大，但是却没有足够的工厂和机器来让劳动者施展技术。因此政府决定尽其所能地消除民众对未来税收政策的疑虑。当时无论是本国公民还是外国人，凡是在爱尔兰开业经商的人，政府就会提前向他们公布他们在1992年、1993年直至2009年所需缴纳的税率（数值并不是很高）。当然，可能还存在其他有利因素。重点是爱尔兰经济以惊人的速度发展了起来。（你听说过“凯尔特之虎”

吗?)在大约十二年之间,它从西欧国家中的低人均收入行列进入了最高收入的行列(见图 6.4)。不过遗憾的是这个故事结局并不美好,因为决策者被 2008 年爆发的金融危机打乱了阵脚。在爱尔兰经济繁荣时期的最后几年里,一股被债务带动的房地产热潮开始接棒。在 2008 年房价暴跌之后,爱尔兰的多数银行都濒临破产。然而这个结果并不影响爱尔兰 90 年代的成功经验,当时的爱尔兰政府在可预见的未来内为民众提供了安定的税收环境,鼓励了包括外企在内的许多企业在当地扎根并提高生产力。

信用重建?

现在有个有趣的问题:如果一个国家的政策深受"时间不一致性顽疾"之害,就说阿根廷吧,那么要重建信用难度大吗?答案是,难度非常之大。前文提到,在经历了 80 年代失落的十年之后,阿根廷的经济增长速度比较令人满意。然而,我们可以用一种标准经济模型作为"温度计"来检测一个国家的"体温"。正如《阿根廷:失落的十年与复兴之谜》一文所提到的,如果当时阿根廷处于健康的经济状态,那么按照可寻的阿根廷技术水平的最好测量数据来计算,其经济增长速度本应该远远高于实际水平。股本数据尤为如此,其实际增长速度要远远低于模型测算出的应有速度。这说明,即使梅内姆总统高度重视这个问题,阿根廷的潜在投资者仍然对这个国家缺乏信任。

但只有政策连贯性是不够的

需要强调的是,只有政策连贯性是无法保证经济健康发展的。请注意我在描述政策不一致性问题时用到的“最优”一词。可能有人会论及中国这样的例子。中国的经济政策无疑非常连贯一致。不可否认,中国的经济发展成就卓越,但其人均收入就国际标准而言仍然非常低。

描述国家的长期发展过程有一种固定套路。创业、创新活动的涌现对现有生产方式进行了改进和革新,包括(通常是在大量研究和发展的基础上产生的)新的生产工艺和新的产品。要实现这些创造性想法需要工厂、机器及办公楼等设施,还需要雇佣员工,诸如此类。一个健全的银行体系或金融体系(从更广义上来说)能极大地促进此类活动的发展,因为如果无法借贷到必要资金的话,许多远见卓识都不能付诸实践。

根据宋铮、斯托尔斯莱顿(Storesletten)和兹利伯蒂(Zilibotti)2011 年发表的论文《中国式增长》中的记载,中国的大部分银行都是国家所有,它们很关照国有企业。这些国有企业能轻易获得贷款,而且至少就目前来看还能获得廉价劳动力。它们不需要创新和提高生产力就能赢利。与此同时,那些真正在产品或经营上有着创新思维的企业家们却苦于借贷无门。通常情况下,他们想要实现自己的想法必须先积累资本。劳动密集型的经济活动自然比资本密集型更容易吸引资金支持,因为前者的初始启动成本更低。整体看来,其结果是大量社会资源被浪费。可以说如果中国不进一步在金融领域开放竞争,这个问题终将阻碍其经济的长期快速发展。

最后对近期事件的一些看法

上述的这些观点能引发我们对全球众多领域的当今事态的深思,尤其是美国和西欧。2008—2009 年间,美国的人均实际 GDP 下降至低于正常走势(这一走势从 1947 年一直延续到 2007 年)10%以上的水平,而且到目前为止这一指标仍然没有恢复正轨的迹象。失业率已经连续四年走高。政府债务急剧增加,而且随着所谓的"婴儿潮"出生的一代人即将退休,政府预算中的开支吃紧可想而知,可以预见政府债务上升的局面未来必将继续恶化。在生产力革新方面的创新者和投资者,会由于担心其未来的成果被征收更多税而止步不前吗?美国会打起"政策前后不一致性"的喷嚏,甚至加重病情吗?

在欧洲,由于欧元区的大多数国家间实行固定汇率制,因此人们似乎并没有意识到强制性财政法规对新的货币金融安排的重要性。我们知道,有些国家负债累累,亟待财政救助。即使在一国之内(比如西班牙),各省份的债务也不可抑制地大量堆积。这让人不禁联想到了上世纪90年代的阿根廷。

欧盟各国和美国的未来经济政策中的变数之多是史无前例的,这么说一点都不为过。欧洲政客们忙于应对短期经济发展问题,却对来年及以后的发展缺乏清晰规划。我在这章中已经提到,这种不确定性极有可能对未来数年的经济增长造成消极影响。在这种情况下,潜在的创新者和商业投资者即使选择驻足观望也无可厚非。更糟的是,对政策时间不一致性理论的认识使得人们更加悲观,怀疑是否真的存在行之有效的方法能够消除这种不确定性。

不可否认,这些问题与图6.2中展示出来的非洲大部分情况相比是小巫见大巫。如何让贫穷国家大步流星地发展起来是经济学里最迫切、最具挑战性的课题之一。

参考文献

1.Cagan, Phillip, 1956. *The monetary dynamics of hyperinflation*(《恶性通货膨胀的货币动态》). In *Studies in the Quantity Theory of Money*(《货币数量理论研究》), ed. M.Friedman. Chicago: University of Chicago Press.

2.Heston, Alan, Summers, Robert, and Aten, Betttina. 2012. Penn world table version 7.1(佩恩表 7.1 版). *Center for International Comparisons of Production, Income and Prices*(生产/收入/价格国际比较研究中心). University of Pennsylvania.

3. Kydland, Finn E., and Prescott, Edward C. 1977. *Rules rather than discretion: the inconsistency of optimal plans*(《规则胜于相机抉择:最优选择的不一致性》). *Journal of Political Economy*(《政治经济学杂志》) 85 (June), 473-491.

4. Kydland Finn E., and Zarazaga, Carlos E. J. M. 2007. *Argentina's lost decade and the subsequent recovery puzzle*(《阿根廷:失落的十年与复兴之谜》). In *Great Depressions of the Twentieth Century*(《二十世纪的经济大萧条》), ed. T. J. Kehoe and E.C. Prescott. Federal Reserve Bank of Minneapolis, 191-216.

5. Song, Zheng, Storesletten, Kjetil, and Zilibotti, Fabrizio. 2011. *Growing like China*(《中国式增长》). *American Economic Review*(《美国经济评论》)101 (February) 196-233.

Chapter 7

罗伯特·索洛

Robert M.Solow

美国人

诺贝尔经济学奖得主

1987

在理想状态下，要想跟上一国的通货膨胀和人口增长速度，该国经济就应该保持持续增长的态势。但是，如何以最佳方式为这种经济增长供能呢？罗伯特 · 索洛发明了一种新模型，人们常称其为索洛—斯旺新古典增长模型，因为特雷弗 · 斯旺（Trevor W.Swan）也独立发明出了这一模型。它能将各种因素划分为投入（资本和劳动力）和技术两类。这一模型于1956年首次被提出，索洛使用该模型计算得出：生产力的提高有80%应归功于新技术的发明，新技术是此类增长的唯一可持续来源。不过当谈到资本问题时，索洛是个“喜新派”。他建立了一种新的增长模型来检验不同资本的年份，并由此得出新资本的价值更高的结论，原因是新资本是通过新技术创造出来的，而新技术有更大的改进和增长空间。

自那之后，经济学家们通过对索洛的模型进行调整或改良得出了许多其他结论，不过他们仍然沿用了其中的一种模型来估算三个主要变量——资本、劳动力和技术——的效力。索洛凭借其开创性的研究成果获得了1987年的诺贝尔经济学奖，并于1999年荣获美国国家科学奖。

索洛还在政策、失业等宏观经济议题以及自然资源的经济管理问题上有所建树。

罗伯特·默顿·索洛1924年出生在纽约布鲁克林区，是家中三个孩子中的长子。他就读于本地学校，成绩优异，1940年获得了哈佛大学奖学金。在哈佛，他学习了社会学、人类学和经济学。当美国加入二战后，索洛中断了学业转而参军，先后在北非和意大利服役。1945年索洛重返哈佛，师从瓦西里·列昂季耶夫（Wassily Leontief）继续学习经济学，并在此过程中对统计学和概率模型产生了兴趣。

为了更专注地研究统计学，1949年索洛接受了哥伦比亚大学奖学金并在此进修一年，同时还兼顾着自己的博士论文。在进入哥伦比亚大学之前，麻省理工学院向索洛提供了助理教授一职，因此从1950年开始，索洛在麻省理工学院教授统计学和计量经济学。

在麻省理工学院，索洛的办公室碰巧被安排在了保罗·萨缪尔森（Paul Samuelson）的隔壁，二人因此成为了好友，并合作完成了许多课题，其中包括冯·诺依曼增长理论（1953年）、资本理论（1956年）、线性规划（1958年）和菲利普斯曲线（1960年）等。

1961年，索洛获得了美国经济学会颁发的约翰·贝茨·克拉克奖，该奖项用于表彰40岁以下的杰出经济学家（索洛后来成为了美国经济学会主席）。同年，索洛成为了美国政府经济顾问委员会的高级经济师。1968至1970年间,他效力于总统的收入维护委员会(President's Commission on Income Maintenance)。1995至2000年间,索洛还成为了美国国家科学委员会的成员。

1995年,索洛从麻省理工学院退休。他的教学生涯影响力巨大——他的学生包括彼得·戴蒙德、约瑟夫·斯蒂格利茨和乔治·阿克尔洛夫,他们都继索洛之后获得了诺贝尔奖。

索洛是人力资源示范研究公司(Manpower Demonstration Research Corporation)的创始董事之一,该研究机构以提高就业率和劣势群体收益能力为目的。索洛一直对用现代经济学方式研究劳动力和产品市场持批判态度。

索洛已婚,育有三个子女。

自然资源与可持续发展

介绍

民众往往需要在缺乏引导的情况下凭借模糊的直觉和一些零散的认知来决定自己在政治、经济政策上的态度。而经济分析的功能之一,就是在这个问题上为他们提供帮助。经济分析尽其所能地找出影响各个政策选项的效果的主要因素,可能还会测算并评估其影响力的大小,同时分析各个因素之间的关联。最后这点非常重要,因为现实中要想更好地完成一个目标往往必须在另一个目标上有所牺牲。换句话说,这是一种不可避免的取舍。经济学有时可以清晰地展示出不同政策的可能后果,并对其原因作出解释。那些乍一看属于"是非题"的议题常常在严谨的经济分析之下暴露本质——其实它们只是程度多少的问题。经济分析力所不能及的是为民众作出决定,因为在这个问题上只有分析是不够的。

我所能想到的例子都在某种程度上与自然资源和经济间的相互作用有关。有些自然资源是不可再生的(“耗竭性资源”)。例如,我们可以说地球上可供人类使用的铜矿资源是定量的。其中一部分资源开采起来比余下部分的成本更低,但我们不能确切地说出这部分资源的具体数量和开采成本;而且铜矿资源是可以进行部分回收利用的。这些都是使情况更复杂化的因素,但基本问题却在于资源底数的有限性以及资源使用的一次性。部分资源(例如森林木材和鱼类种群)是可再生的。然而一旦使用不当,它们将遭到破坏(我们都听说过过度捕捞和滥砍乱伐的情况)。其实我们可以在使用这些资源的同时保护好它们,虽然这或许需要一些代价。这种情形是我们喜闻乐见的,但从分析角度而言难度更大,因为其中存在数量统计的问题。林渔业经济学是一门古老的学科,这方面的探讨业已非常成熟,但其重要性仍不可撼动。自然环境同样是一种自然资源。我们可以“使用”自然环境,但我们仍然需要在破坏(或毁灭)它还是保护它之间作出选择。而环境经济学的职责就是阐述这些选项。

耗竭性资源

要想透彻理解不可再生资源的问题,我们可以虚拟一个简化的情形。想象有一对双胞胎要分一块蛋糕。这好办:平均分。现在我们假设有一百个人要分一块(很大的)蛋糕。他们不可能是同胞兄弟姐妹,但我们认为在此情形之下,他们作为公民应该得到平等对待。为什么平均分配最为合适?除了维持均衡之外,还有一个重要原因。我们大部分人都认为这样的一种看法很有道理:我们在吃蛋糕时第一口的滋味非常棒,第二口虽然也很好,但不及吃第一口时那么愉悦,而第三口的感觉又稍逊于第二口,以此类推。这个道理说明了平均分配的合理性:如果在平均分配的基础上把你的蛋糕切一小块给我,那么你因此而失去的愉悦感将比我因此获得的愉悦感要多。此类论证在经济学中扮演着重要的角色。(假设双胞胎中的其中一人碰巧比另一人富有,而且事先已经吃了很多蛋糕了,又该如何?同一套论证会推导出更为复杂的结果。)

现在我们假设这块蛋糕(也可以是一块油田或铜矿)要随着时间的流逝在连续数代人之间进行分配。分配原则应该保持不变(除非其中某几代人有享受资源分配优势的正当理由)。但是问题来了。随着参与分配的人一代代增多,平均分配会导致每代人获得的初始资源份额非常之少。如果我们想把“永远”纳入规划之中,那么每一代人分配到的资源份额将趋近于零。事实上,这个关于“永远”的问题无法圆满地解决。经济学家尝试过给后代“打个折”,这样一来隔得越远的后代其分量就越小,以此来规避“永远”这个难题。在这次复杂计算中,后代分得的资源总是比其前辈要少,而原因仅仅是他们到得晚。然而,问题在于这种方式违背了我们对人人平等的认知。如何理性地处理遥远未来的问题仍有待探讨,尤其是在应对气候变化的政策方面。

事实上,大部分自然资源并不是以直接消费品的形式进入经济之中的,而是作为一种原材料参与到消费品的生产当中。这是一大转变,它让经济学更有意思。这两种形式的主要区别在于,大部分时候生产“最终消费品”所需要的自然资源与其他材料的比例是灵活机动的。比如在生产汽车零部件时,更精确的机械加工和更严谨的设计可以节省钢材或铝材。在这种情况下,这些节省下来的金属被资本设备、人力资本以及普通劳动力提供的服务所取代。至少从理论上来说,我们可以在保持消费品生产节奏的同时逐渐减少对不可再生金属的使用,并投入更多资本、劳动和可再生资源作为替代(这一切都控制在稀缺自然资源原始存量的限制之内)。技术进步(无论是发明出新的生产工艺,还是开发出稀缺自然资源含量更低的新产品)是另一个重要因素。如果说有什么实现可持续发展的现实途径的话,那么它必定与这个思路一致。

那么,现在出现了另一个较为宽泛的问题。当我们探讨可持续性时,我们试图持续或者保护的对象究竟是什么?答案肯定不是维持世界的原貌。我们不会为了在雅典卫城建造风车而考虑拆除帕台农神庙,也不会把美国大峡谷填平来安放太阳能电池板。但帕台农神庙和美国大峡谷肯定是特例。如果不许我们用尽地球上的铜矿和铁矿资源,或不许我们将任何一段海岸线改造成港口,我们的生活标准将下降至工业革命前的水平,而这必然会遭到人们的普遍反对。这样理解更说得通:可持续性意味着让后代至少能够享受到我们目前这种程度的幸福感或生活水平。从狭义的经济学角度而言,“生活水平”也可以理解为消费品及服务(虽然每个时代的常用消费品及服务不尽相同)。(即使从这个狭义角度而言,情况仍然可能变得更加复杂。大部分人都关心其子孙的福祉,而这种关心一代又一代地延续下去,我们就不得不承认大部分人都关心遥远的未来。我们在计算可持续性时要把这一认知考虑在内吗？我想原则上来说是的,但这么做会大大增加测算的难度。)

可再生资源

前文的大部分思考同样适用于可再生资源。这个分类比较宽泛。我们首先想到的是可以自我繁衍(除非遭到严重干扰)的生物种群,所以我前文提到了渔业和林业。不过除此之外,农业用地或者说土地的肥沃度也是一种可再生资源。包括风能和光能在内的能源也是可再生的(至少在我们可以预见的时间内)。其中最有趣的问题仍然在于:怎样才能维持这些可再生资源的长期使用?要维持其长期使用应采取怎样的管理政策?在讨论不可再生资源时,今天使用过的资源以后不可能再继续使用(循环利用的因素已考虑在内)。然而可再生资源的情况与此不同,例如在伐木业中,如果今年砍伐的木材量不高于树木的自然生长量,那么活立木的数量就不会改变,甚至会有所增加。类似的例子还有渔业(虽然近期的研究显示外部环境活动可能是造成鱼群数量波动的最重要变数)。风能和光能的产生在本质上不受人类使用的影响。耕地的肥力受到人类使用的影响,因此几千年前人们就开始研究保持土壤肥力的方法。近段时间以来我们了解到,地下淡水层虽然可以自然再生,但是会遭到有毒废弃沉淀物的严重破坏。经济学家们已经研究出了考量各类资源可再生能力的方法,但新的问题总是在不断涌现。

显然,可再生资源给长期可持续发展带来的难题要小于不可再生资源。但它们也并不是可以掉以轻心的。某种鱼类可能由于人类的密集捕捞而濒临绝种。即使是土地,也有可能因为工业废弃物的入侵而退化至不可恢复的程度。可再生资源的这些问题与不可再生资源的区别在于,它们是外部制度造成而非本身固有的,前者可以通过引入更先进的管理实践来解决,而后者则只能通过调整来缓解。在之后的几段论述中我会再提到这一点。

“后盾技术”(backstop technology)是一个兼顾了可再生和不

可再生资源的有趣概念。比如说，某个行业或整个经济体正在耗尽某种不可再生资源。可以预期这种资源的价格会上涨，因为先使用价格低廉的资源储备效益更好。假设现在有一种替代技术可以使用可再生资源来达到同样的最终效果。目前这项技术的使用成本非常高，远高于使用不可再生资源的技术；但未来这项可再生（“后盾”）技术会随着时间的推进在研究和实践中不断进步。对此，理想的管理方案是规划好对该不可再生资源的使用，使其在使用成本高于支撑技术的那一刻开始逐步淘汰。当然，这种情形过于理想化，不太可能实现，但它至少在如何向可持续发展过渡这一问题上给了我们一些提示。

环境舒适度

对许多有关环境舒适度问题的思考和可再生资源是一样的。洁净的空气和水资源不会像动植物一样自我繁衍。但是它们能在人类使用之后通过物理和化学进程实现自然更新，它们的确也是这样做的。它们之所以成为了政策问题，主要归因于制度上的漏洞，尤其是因为制度中缺乏对产权的明确规定。

一般来说，我们相信矿场或鱼塘的独资经营者会仔细考量当下的资源使用问题，因为这将影响未来的资源使用。经济学家会说他们“内化”了由当下的采矿或捕鱼决定带来的将来成本（或收益)。再举一个例子,伐木公司通常会在伐木的同时补种新的树木。但大气资源的情况却完全不同。大气是无主资源。一个理性的企业经营者可能为了节省成本而向周边排放废气:节省下来的成本是企业的私人利益,但一个污染者对空气质量造成的负面影响却会分散到周边的一大片区域之中,他人几乎无法察觉。但当每个人都这么做的时候就会出现问题。如果个人或企业的决策增加了另一群体追求其自身利益或福祉的成本,那么这种情况就被称作(负)外部性或溢出效应。这种现象大多是由产权缺失造成的。鱼塘主不会过度捕捞(除了无知或粗心等原因),但公共海域却经常出现过度捕捞的危险,因为每个商业捕捞者都想为了自身的利益而先发制人,尽其所能地进行捕捞。要想内化这个问题,需要某种集体行动,而且是强制性的集体行动。可能是某种遵守社会规范的当地合作,也可能是法律强制执行的公共政策。

结语

我希望以上讨论能让读者明白:并不存在一门独立的、界定清晰的自然和环境资源经济学。我们研究这些有趣的重要社会生活领域时所运用的原理,正是适用于所有经济学问题的基本原理。但当我们仔细考量自然与人类经济间的相互作用时,我们需要将这些原理应用到出现的具体情形中。在研究耗竭性资源时,其突出特征在于要将有限数量的宝贵资源在无法预见的漫长时间里进行分配。(除了耗竭性资源领域以外,当我们应对气候变化时也需要考虑遥远未来这个固有难题。)至于可再生资源方面,虽然不存在资源有限性的问题,但我们在探讨私人和公共管理政策时需要认识到目前的资源使用模式与自我更新机制间的相互作用,并将其考虑在内。在环境问题上,外部性往往起到中心作用:监管的缺失纵容了自私自利者在享受环境效益的同时让他人甚至整个生态来为其行为埋单。

在这样的背景下,我们制定政策时往往忍不住提议,应该由某个权威的中央机构来决定合理的资源使用模式,并让实际参与资源分配的个人和企业遵从这一模式。有时这种直接控制型的政策很有必要,而且较为得宜。我前文引用了帕台农神庙和美国大峡谷的例子,要使用这类无可替代的独特资源需要严密的规划。举一个更加普通的例子,对有毒的工业和医疗废弃物的处理就必须作出详细规定。

然而,大部分时候我们首选的政策是利用市场机制。这主要是因为制定高效的资源分配模式所需的信息往往零散分布在经济行为之中,中央机构很难获取这些信息。欧美为控制空气污染而出台的排污交易政策就颇具启发性。中央机构的确可以掌握大气对某种特定污染物的承受能力,但它不可能给每个工厂和发电站都分配一定的排放份额。要做好这项工作需要关于地方成本的海量信息,而这是不现实的。对此我们只需要制定好"排放许可"的总量,并将其分配(按照某种方案,或者可以通过拍卖)给潜在的污染排放者即可。接着就会形成一个新的市场,在这个市场里,排放许可能够以市场价格进行交易。能够低成本减少排放量的生产商,将乐于向无法做到这一点的人销售其排放许可,并借此盈利。类似的捕捞限额可以应用到渔业的管理中。当然,还可以针对特定情况制定其他税收和补贴方案。

延伸阅读

更多深度阅读可见：

Dasgupta, Partha. 1990. *The environment as a commodity*(《作为商品的环境》). In *Oxford Review of Economic Policy*(《牛津经济政策评论》), 6 (1), 51–67.

同时推荐一本基础教材：

Hartwick, John, and Olewiler, Nancy. 1986. *The Economics of Natural Resource Use* (《自然资源运用经济学》). New York: Harper and Row.

Chapter 8

约翰·纳什

John F. Nash Jr.

美国人

诺贝尔经济学奖得主

1994

数学家约翰·福布斯·纳什无疑是经济学领域最负盛名的博弈论大师,根据其传记改编的影片《美丽心灵》更使其成为了名留青史的不朽人物。1994 年,约翰·纳什、约翰·查理斯·海萨尼(John C. Harsanyi)和莱因哈德·泽尔滕(Reinhard Selten)凭借他们“对非合作博弈理论均衡问题的开创性分析”而共同获得了诺贝尔经济学奖。

纳什强调了合作博弈与非合作博弈的区别:合作博弈的参与者之间可以缔结有约束力的契约,非合作博弈则不然。他还针对非合作博弈发展出了“纳什均衡”的概念:当博弈各方所采取的策略是对其他参与人策略的最优反应,且仅凭一方单独行动无法增加收益时,该策略组合即为纳什均衡。

他的研究深刻地揭示了机遇在经济学领域之外的其他复杂体系中所发挥的力量,其理论在计算机、人工智能、演化生物学、会计、政治和军事理论方面都得到了应用。作为一名数学家,纳什成就斐然,尤以代数几何见长,著名的“纳什嵌入定理”即属此列。此外,他对微分方程和奇点理论也多有研究。美国国家安全局直到 2011 年才解密的文件显示,早在上世纪 50 年代,纳什就提出了研制军事密码加密破解一体装置的方案,可谓深有远见。

纳什于 1928 年 6 月出生在西弗吉尼亚州的布鲁菲尔德。他的父母在他上学之余教授给他额外的知识(他的父亲是一名电气工程师,母亲是一名教师)。早在高中时期,纳什就在父母的安排下在当地一所大学学习高等数学。

毕业后他获得了卡内基技术学院(即如今的卡内基梅隆大学)的奖学金,赴宾夕法尼亚州的匹兹堡学习。一开始他学的是化工,后来先转到了化学专业,接着改学数学。1948 年他取得学士和硕士学位,还拿到了他的导师理查德·达芬(Richard Duffin)的推荐信,信上只有言简意赅的几个字:"此人乃天才。"

凭借这些资质,纳什被哈佛大学聘任,但最终普林斯顿大学以约翰·肯尼迪奖学金(John S. Kennedy Fellowship)为条件把他请了过去。

20 世纪 50 年代末,纳什开始表现出妄想型精神分裂的症状,并被强制送往医院治疗数月。他在清醒的时候仍然坚持工作,然而疾病却如影随形难以摆脱。60 年代后期,纳什称自己仍有妄想症状,但由于他的行为渐渐不再那么狂躁,医生放松了对他的看管。他拒绝服用常规药物,而是长期通过理性思辨来摆脱妄想症的发作,他认为,首先要做的就是抛弃政治思想这种"无药可救的脑力浪费"。

近年来他的状态有很大好转,不光继续研究工作,还顺带成为了一名人气颇高的餐后演说家。一系列奖项和名誉学位也随着他的康复而纷至沓来。

1951到1958年间,纳什在麻省理工学院教授数学,后来因病症凸显而辞职。他最终又回到了普林斯顿大学,在自己的办公室里继续其研究事业。

纳什已婚,育有两个子女。

研究合作博弈问题的新方法

自冯·诺依曼与摩根斯顿的《博弈论与经济行为》于 1944 年问世以来，整个“合作博弈”领域作为博弈论研究的课题之一就一直备受关注。这是一个棘手的研究领域，但也不乏创造性的见解。

上世纪 50 年代初，纳什在《计量经济学》杂志上发表了三篇与此相关的文章，重点讨论了追求最优合作方案的二人博弈。首先，在《讨价还价问题》一文中，纳什用一种公理化方法得出了能够有效公断讨价还价问题的确定方案，以使双方（或博弈参与者）有可能通过达成合作而取得双赢。接下来，在《两人合作博弈》中他又从更宏观的角度重审了讨价还价理论，认识到双方参与者可以在合作之前通过采取各类举措来多方影响其福利状况（或者说“收益”）。文章以全新视角分析了合作博弈中的讨价还价问题，分析显示，在双方参与者之间的“需求博弈”中存在一种自然均衡，它能实现纳什在此前的简化版"讨价还价问题"研究中所推断出的收益分配方案。另外,纳什还提出了一种"威胁"的概念,这一概念将一般二人博弈中的竞争(或非合作)模式与合作模式联系了起来(后者通过博弈者的"需求"来加以调节)。文章还引入了一套公理作为备选,这套公理使用了一种背离《讨价还价问题》中的标准谈判解决的方式,另辟蹊径地得出了与已有博弈论相同的解决方案。

发表在《计量经济学》中的第三篇文章《双头垄断问题处理之比较》,是由梅伯里(Mayberry)、纳什和舒比克(Shubik)三人合作撰写的。这篇文章详细阐述并分析了一种情形:两个生产者生产着同一种商品。对于这种情形,文中提出的解决方案可与古诺双寡头模型进行比较。当两方垄断者同意达成某种类似卡特尔或石油输出国组织(OPEC)形式的高效合作来应对市场营销挑战时,他们所获收益将超过古诺模型。合作博弈论为参与者们示范了该如何争取更多利润,不论他们是否能在类卡特尔合作中进行"旁支付"。

两人以上博弈问题

2000 年前后我启动了一个合作博弈的研究项目,试图将合作博弈约简为非合作博弈的形式,以此来有效地研究均衡策略和(博弈参与者的)持续均衡行为。

近年来,一些著名学者在这一研究课题上颇有新论。罗伊德·沙普利(Lloyd Shapley)和戴维·施迈德勒(David Schmeidler)研究得到的公式就给出了多个方案来解决“特征函数型”博弈中可能出现的仲裁者对潜在收益进行任意裁定的问题。这样一来,如果(特征函数型)合作博弈的参与者都有仲裁的意愿,那么“仲裁方案”就可以启动。(1957 年鲁斯[Luce]和莱法[Raiffa]在其有关博弈论的著作中首次提出“仲裁方案”这一概念。)

然而在合作博弈中,对于一个皆大欢喜的仲裁方案,一旦我们分析其所能带来的全部理想收益便能发现,那些与这一方案有着不同博弈认定评估标准(或对合理价值仲裁的“归咎”标准不同)的其他方案会引起一种矛盾,使得所有与其相左的方案都遭到质疑。

这样看来,为所有合作博弈找到一种适当的评估理论并非易事,除非我们都愿意接受某个现存的(此类博弈的)评估标准,将它当成解决方案。

“替代合作博弈”概念

晚年,当我重新思考博弈论与合作博弈难题(我、约翰·海萨尼和沙普利曾在这一问题上有所建树),我开始产生一种想法,即有必要为这类博弈——尤其是特征函数型博弈——找到一种通用理论(引入一个术语来指称所有完全由特征函数表述的博弈,比如冯·诺依曼与摩根斯顿《博弈论与经济行为》中出现的博弈)。

但是我新近对各种可能情形展开了研究,在我发现了这些潜在的不同博弈情形与一些模型——这些模型中的行为均衡会导致博弈中的“解决方案”概念的产生——之间的关联后,我开始意识到正如在预设的非合作博弈中一样,可能还存在其他从博弈者个人理性行为这一理念中衍生出的替代性非等价均衡。简言之,这接近于一种社会或政治行为,博弈人之间的各种非等价结盟几乎同样能维持很久。(实际上,博弈参与者之间存在可替代的合作模式这一现象是在数学领域被人们发现的。在通过“斡旋”或“接纳”的方式来实现三方合作的三人博弈模型中,一旦其中的一到两组双人同盟的势力压倒了博弈三方组成的“大同盟”,那么代表着博弈参与者合作行为的平滑曲线就无法再持续下去。)

当三人博弈出现“替代合作”的情况时

为简单起见,我们来分析特征函数所表述的三人博弈。在这种熟悉的博弈类型中,哪种博弈究其本质认为博弈者会作出合作行为,且其合作方式与他们在(一般类型的)简单谈判问题中的方式一样?假设在一个特征函数型三人博弈中,v(1,2,3)=1,v(1,2)=b3,v(1,3)=b2,v(2,3)=b1(这是对我2008年发表于《国际博弈论述评》的论文中所使用的b1,b2和b3的周期性表示)。(另外,任何单独参与者 Pk 的函数 v[k]均应为零。)如果 b1,b2 和 b3 都比+1 小得多,那么该博弈的核仁或者其他由“随机提议”模型衍生出的评估建议就可以对博弈的(1/3, 1/3, 1/3)作出评估。而另一方面,沙普利值给出的评估则与 b1,b2 和 b3 呈线性关系。

为何有些博弈没有出现“替代合作”的情况

有一种博弈由于自身特性,虽然具有合作博弈的形式——因为参与者通常能够自由地通过各种方式进行合作(在博弈呈现出的规范结构之外)——但博弈者们一般不会自发地采用同样的合作模式(往往还包括财富和资源的分配模式),而是有可能采用有着明显区别的不同行为模式。国际政治和战争中敌友立场互换的情形与此类似,这在欧洲历史上每隔一定时间就会出现。因此在我看来,冯·诺依曼和摩根斯顿理论中的“稳定集”或“解”在许多博弈中的确是合乎理论的。这些博弈的结构性没有那么强,不会让博弈者们自发达成某种一致的合作模式和资源分配方式。“稳定集”在结构性强的博弈中可能变得极其复杂(而且也许难以投入实际使用,比如发展出一套有用的仲裁方案来规避可以避免的冲突)。

以三人合作博弈举个简单的例子。用特征函数来描述这场博弈,其规范表达是这样的:v(i)= 0, v(1,2,3)= 1, v(1,2)= b3, v(1,3)= b2, v(2,3)= b1。如果 b1,b2 和 b3 都(相对)较小,这场博弈大概就自然而然地成为了“替代合作博弈”。因此,如果这种整体合作可以实现,博弈者们自然会积极配合,似乎也只有通过形成一致的意见他们才能避免由行为不当造成的损失,也才能互惠互利(这些例子也就成为了二人博弈中讨价还价问题的一个延伸)。

是否能对特定合作模式进行预测？

在合作博弈问题上,博弈论专家们进一步发展,不仅试图促进博弈各方在妥协的基础上达成合作,同时还就切实可行的合作模式向参与者提供良策。

但是原则上,不同人可能会给出各种不同的建议。譬如,“班扎夫值”(Banzhaf value)可以用来处理立法机构中同盟成员的权利评估问题,但同时“沙普利值”(Shapley value)可以向同一群立法委员给出完全不同的咨询意见,与前者相互竞争。另外,核仁也好,“改良核仁”也罢,二者都可以用于普遍适用的博弈评估准则。

仲裁方案产生后只要得到采纳和遵循即可,就像谨守一条宗教律法一样。对于个体参与者来说,只有当他们感到比起经过千辛万苦最终达成妥协,仲裁可以以更低的成本和更简单的方式实现他们所渴望的那种公正时,他们才会最乐于进行仲裁。

将合作博弈约简为非合作博弈的尝试

近几年来，一些博弈论专家一直试图（以某种方式）将三人合作博弈约简为非合作博弈，以便均衡理论能够得到应用；我自己也是其中一员。这么做的最终目的不过是评估博弈参与者的价值，或者预测博弈者经由协商可能形成何种联盟，后者很好理解。简化方法中的一部分取决于“随机提议者”为了把一般三人博弈的难度降至三人非合作博弈水平而采取的策略。

实践证明这个方法似乎效果极好，尤其当使用阿曼多·戈梅斯（Armando Gomes）的方法时，评估出来的博弈结果不是同沙普利值相仿就是与核仁类似，究竟出现哪种特定情形有赖于（v(1,2)+v(1,3)+v(2,3))/v(1,2,3)这一比例，即只与博弈的特征函数相关。

此外，我还想过将三人合作博弈中的难点问题通过某种程序与重复进行的非合作博弈联系起来。这种重复博弈的设计初衷是为了类比某种能够将一个存在难解冲突的博弈（比如囚徒困境）转化为互惠均衡的非合作重复性博弈。这是美国国家科学基金会支持的一个项目，并得到了三位先后加入该项目的普林斯顿大学学生的协助。一篇题为《联合建模的代理方法与博弈中的合作》的论文正是根据这项研究发表的。该文见《国际博弈论述评》（*IGTR*）2008 年第 10 卷第 4 号。

计算层面的未来研究计划

上文提及的《国际博弈论述评》中的那篇文章使我也参与了一项实验博弈的研究。实验中我发现,在广义上保持并利用"接纳的方法"是可能的,这样联盟就能够以一名参与者或领导者"接受"另一名参与者或领导者的领导而建立起来了。

至于实验的设计,没有人告诉这些重复性实验博弈的参与者,对于和他们有频繁交往的其他参与者的可视行为要怎样作出反应。当然这样设计有它的目的,类似于一个阶段性囚徒困境形式的重复性博弈,实验对象相互之间可以进行交流,这样每个参与者通过表彰有合作价值的行为就可以推动整个联盟达成合作。

基于实验的合作博弈相关研究

一个四人研究小组设计并进行了一个实验程序,研究三方博弈中作为参与者的对象的行为,而根据这个合作体系的特征函数参与博弈是可能得到奖励的(事先已经有接受行为和对合作最终达成时可获奖励的详细说明)。有时候结果只能在二人合作中产生,这是由于参与者具有冒险倾向。在这种情形下,说得简单一点,(根据特征函数)双方参与者都得到他们形成的联盟的一半数值。我希望能超越这种简化,为重复性博弈找到更精辟的模型。

这四名研究者分别是:罗斯玛丽·内格尔(Rosemarie Nagel),约翰·纳什,阿克塞尔·欧肯菲尔斯(Jr., Axel Ockenfels)和莱因哈德·泽尔滕。实验是在科隆大学的一个实验室中进行的。我想说的是,从这种可能是基于谈判或合作协商的理论模型设计出来的实验得出的观察,能够自然而然地把其他很多不同理论模型也解释清楚,这在原则上是十分可贵的。我们未来预期进行的研究计划,一项可能要纳入 69 个变量、针对重复性博弈模型的研究,也正是受到实验结果及其与 42 个变量重复博弈模型的关系启发而来的。

三人重复博弈的新模型中共存均衡的一系列相互联系的变量

在这个段落标题之下,我说明了如何将一套包含 69 个实变量的 69 个方程式运用到计算模型中,以此改进(并一定程度上修正)曾作为我论文(2008 年 12 月发表于《国际博弈论述评》)发表依据的模型。但是实际上,除非人们能够对"奇点"博弈情形(如"囚徒困境")的平衡方程——这类平衡方程阐述了怎样用某一类均衡来表示(重复博弈中的)合作解——有所发展,否则要说明这些变量是相当不切实际的。

在预定的工作中,我们将会涉及具有连续可变的纯策略(对每一个博弈者而言)的无限期重复博弈的模型。每一个参与者的策略参数将会与他/她如何表现得有益于其他参与者相关联,抑或是当另一参与者以行动代表他(她)自己或代表两名参与者,即充当代理人(指挥者)时,他/她在观察到这一参与者的行为中不受欢迎的品质后会在惩罚方式上如何做出回应。

这与我们之前曾经研究过的计算模型是同样的,不过如今我们可以提供更为复杂的基本反应数组。一个代理人或参与者可以对共存的代理人或参与者关于接受场景(乙方通过奖励代理权给甲方来表示认可)的表现做出积极的或消极的反应。

当以数学方法研究(运用我在《国际博弈论述评》中的论文所述及的研究模型)曾在科隆大学实验室被研究过的在选中的试验游戏系列中的第九个游戏时,遇到了一个具体的数学错误。所获得的那场博弈中的算术求解模型的数据存在两种负实数的概率!当这种联合首先由参与者1领导,其次由参与者2指挥时,这些体现出参与者3采取行动来"接受"参与者1和参与者2的联合的概率。而这是与概率的基本阐释相矛盾的。

我们希望可以构造出博弈者们有关于其他参与者"需求"的选择,这样一来参与者或代理人总是会同步地对其他参与者们的"反接受"行为提出要求(这样第一部分的阵营**可以**视作是可用的选择)。那么,既然这个可能在数学上自然地需要"反接受几率"成为正数,副作用则将是需要的——在计算指令中被用作方程式——而那个几率将会成为一个正数。

事实上,我们希望能通过研究“试验数学”,从而在各种自然模型就进化合作而言的可行性与价值方面得到一些启发。

参考文献

1. Luce, R. D. and Raiffa, H. 1957. *Games and Decisions: Introduction and Critical Survey*(《博弈与决策:介绍及批判性调查》). New York, Wiley.

2. Mayberry, J.P., Nash, John F.Jr., and Shubik, M. 1953. *A comparison of Treatments of a duopoly situation*(《双头垄断问题处理之比较》). *Econometrica*(《计量经济学》) 21, 141–154.

3. Nash, John F. Jr. 1950. *The bargaining problem*(《讨价还价问题》). *Econometrica* 18, 155–162.

4. Nash, John F.Jr. 1953. *Two-person cooperative games*(《两人合作博弈》). *Econometrica* 21, 128–140.

5. Nash, John F. Jr. 2008. *The agencies method for modeling coalitions and cooperation in games*(《联合建模的代理方法与博弈中的合作》). *International Game Theory Review*(《国际博弈论述评》) 10(4), 539–564.

备注:我在该论文中提到了很多关于(在允许合作行为存在的博弈中)合作的各类研究方法的文献,通过使用从非合作博弈概念中衍生出的模型来研究不同的建模方法。因此,文中涉及的文献也值得一读。

6.Von Neumann, John and Morgenstern, Oskar. 1944. *Theory of Games and Economic Behavior*(《博弈论与经济行为》). Princeton University Press.

Chapter 9

奥利弗·威廉姆森

Oliver E. Williamson

美国人

诺贝尔经济学奖得主

2009

经济理论通常是围绕市场活动展开的，然而，只有在上至行业巨擘，下至普通家庭的经济组织内部协商制定出契约并加以执行的前提下，市场才能运作起来。2009年的诺贝尔经济学奖颁发给了埃莉诺·奥斯特罗姆(Elinor Ostrom)和奥利弗·伊顿·威廉姆森，以表彰他们各自在经济管理分析方面作出的贡献。威廉姆森的研究说明了为什么一些企业发明了层次化管理的方式来控制不同但相互联系的商业领域，并借此得到了扩张，同时另一些企业即使相互依存却仍然保持其独立性。

1991年的诺奖得主罗纳德·科斯(Ronald Coase)坚持以下观点：经济学中将交易成本假设为零的传统做法应该被经济组织研究所取代，后者通过经济学论证认定交易成本系统性地广泛存在。正是这一观点激发了威廉姆森的研究。

大体上，交易成本之于经济学就如摩擦之于物理学一样。虽然对于这两个领域的新人而言，假设摩擦不存在是一种便捷的做法，但是随着理论向实践的演变，为摩擦(交易成本)的存在做好准备显然十分必要。此外，由于市场和统治集团中都存在摩擦，所以难题在于如何比较性地检验它们，同时弄清一组特定交易中哪一方占有交易成本优势以及其中的原因。这听起来很单调乏味，而且有时的确如此。然而值得注意的是，交易成本经济学（TCE，Transaction Cost Economics）是一门实践经验十分成功的学科，其内容被大量运用到公共政策之中。

威廉姆森认为，为从未出现的冲突而摩拳擦掌毫无意义。如果交易过程总是便宜又便捷——比如“外包”（outsourcing），企业就没什么存在的必要了。而且如果交易双方能轻而易举地找到其他合适的贸易伙伴，企业就又无事可做了。

在威廉姆森看来，如果大型私营企业遵守（按照政策制定的）游戏规则，并能在信息量充足的情况下（按照交易的性质）作出自制或外购决策，那么其成功就是令各方皆大欢喜。只有当它们出现信用问题或管理者滥用职权时，其存在才会受到质疑。

奥利弗·伊顿·威廉姆森于1932年出生在威斯康星州的苏必利尔市。他就读于本地学校，按他的说法，“我对事物运作（或静止）的原理永远很好奇，这让我开始区分出一时偏差和反常现象间的区别”。

1955年，威廉姆森获得了麻省理工学院斯隆管理学院的学士学位。他先后就职于通用电气公司和华盛顿特区的美国政府，后于1958年获得了斯坦福大学商学院提供的奖学金，跟着诺奖得主肯尼斯·约瑟夫·阿罗（Kenneth J. Arrow）研习。威廉姆森在匹兹堡的卡内基梅隆大学完成了他的博士学业。在那里,他说他“找到了(自己的)定位”。在上世纪五六十年代的一小批研究师生团队中,四个老师在八九十年代获得了诺贝尔经济学奖,学生中有四个也在2000年后获得此奖。

威廉姆森于1963年完成论文《自由裁量行为的经济学:企业理论的管理目标》。他加入了加利福尼亚大学伯克利分校经济学系的教师团队,后转至宾夕法尼亚大学。1966到1967年间,威廉姆森担任了美国司法部反垄断局局长的特别经济助理,努力与以下这种传统观念相抗争:纵向一体化和纵向市场限制都是“反竞争”的。他发誓要重回这一课题一探究竟,并在回到宾夕法尼亚大学后于1971年发表了一篇关于这一问题的论文。

1983年,威廉姆森接受了耶鲁大学三所不同学院的联合聘用,但又于1988年回到了伯克利。1995—1996年间他当选为伯克利学术委员会委员,后于2004年退休。威廉姆森目前是加利福尼亚大学伯克利分校的“埃德加·凯泽”荣誉教授(Edgar F. Kaiser Professor Emeritus)。

威廉姆森已婚,育有五个子女。

跨学科的社会科学:交易成本经济学课题[①]

许多经济学家在大学时代就决定将来以经济学为职业,但我却并非如此。我从工程学逐渐转向商学,后又转向经济学,并发现经济学中的跨学科经济学(就我的跨学科经历而言,最初涉及了组织理论与经济学的结合,后来还包含了合同法领域)是一门在教学和研究上都尚待发展、极具潜力的学科。在这个过程中,我发现了自己的兴趣所在并成为了一名经济学家。如果情况允许的话,逐渐为人所知的交易成本经济学(TCE)将会成为新制度经济学的基础之一。[②]

① 感谢研究助理 Tarek Ghani 的协助。

② 新制度经济学及其前身——老制度经济学——都承认制度的重要性。但二者的区别在于以下方面:老制度经济学勉强能接收对主流经济学的批判,却没能发展出一套积极的研究议程。相比之下,新制度经济学证明了制度不仅重要,而且易于分析,并以此加强了对主流经济学的批判。尽管托斯丹·凡勃伦(Thorstein Veblen)、约翰·康芒斯(John R.Commons)和米契尔(W.C.Mitchell)对老制度经济学作出了重要贡献,但这一学科由于缺乏积极的研究议程,最终还是走进了死胡同。

教育

我之所以对交易成本经济学产生兴趣，从两个方面要归功于我工程师的工作经历。首先，工程师使用的分析仪器大多数都可以运用在经济学里。其次，工程师对摩擦极为敏感，会提前为其做好明确准备。后者非常重要——因为交易成本就是摩擦的一种，多年来经济学家都不愿承认这种摩擦的存在，更别说将其纳入考虑范围（相反，标准的假设往往把交易成本视为零）。

对此我还想提到我教育过程中的另外三个重要经历。首先，我在斯坦福大学商学院的两个老师比我自己更早发现了我在经济学方面的天赋和兴趣。其中一个老师鼓励我去斯坦福大学的经济学系上课，我听从了其建议。另一个老师推荐我关注卡内基梅隆大学工业管理学研究生院（GSIA，Graduate School of Industrial Administration）的博士课程。我同样听从了这位老师的建议，并发现 GSIA 是一个充满活力、人才济济的新院系，学院中有很多人都有着跨学科的兴趣爱好。GSIA 的访问学者雅克·德雷兹（Jacques Drèze）曾说过一句话，表达了包括我在内的一大批人的心声。他说："自那[①]以后我再未感受过如此的思维激荡。"（1995 年，第 123 页）第三件事是我受邀成为了美国司法部反垄断局局长的特别经济助理，这段学习经历不仅有趣，还开阔了我的眼界。

---

① 指在卡内基梅隆大学做访问学者。译者注。

我将这三段学习经历并称为"卡内基三要素"(Carnegie Triple):接受训练,跨越学科,锻炼思维。接受训练是指在你的核心领域里获得认可。跨越学科是指如果你所感兴趣的现象跨越了多个学科,那么你也应该跨越学术边界。锻炼思维是指保持好奇心——面对难题时多问"这是怎么回事",而非直接断言"规则就是如此"。

根据我的经验,所有应用微观经济学家都赞成卡内基三要素中的第一条,大部分也赞成第三条。然而,"跨越学科"的必要性却存在争议。很多学生(包括我自己的学生)都对组织理论望而却步。① 部分原因是因为组织理论本身是一门很难的学科,但同时也由于人们认为组织理论的大部分内容有悖于经济学。对于那些刚走进组织理论课教室、刚打开组织理论教材的学生,我的建议是"入乡随俗":摘掉经济学帽子,再戴上组织理论的帽子。当我们把许多乍一看属于经济学和组织理论冲突的事物解读为复杂组织的跨期规律时,它们就会具有完全不同的意义和内涵。② 其中的许多

---

① 关于组织理论的文献卷帙浩繁,共分为三类:理性系统、自然系统和开放系统。这三种系统均承认组织的重要性,但只有理性系统强调选择"正确结构"(它随着组织所需活动的本质而变化)所带来的效益。参见理查德·斯科特(W. Richard Scott)(1987,第2-5章)。

② 组织就像法律一样,"自有其生命力"——因为它会学习、成长和适应。一个突出的例子就是罗伯特·米契尔斯(Robert Michels)著名的"寡头铁律":"我们在谈寡头统治时,就是在谈组织。"(1962[1915],第365页)。重大的组织规律无论是好是坏都应被揭露出来,其运作机制也需公之于世,这样一来才能巩固由此产生的红利,同时缓解成本效益上的反作用。

规律意义重大,应该被纳入经济组织的考量因素之中。

以上就是我早期研究应用价格理论的知识背景,正如后文所显示的,这也是我后期研究交易成本经济学的背景。

在职学习

教学相长

我的第一份教师工作(1963—1965)是在加利福尼亚大学伯克利分校担任经济学副教授,当时我给本科生教授微观经济学理论和产业组织理论,同时还教授研究生的应用福利经济学。我从没上过产业组织理论的相关课程,这意味着我需要进行大量自学。不过这也有好处,"一张白纸只能涂写一次"。当我发现产业组织理论突出强调技术经济,却几乎未涉及组织经济时,我的跨学科学习经历引导我提出了"这是怎么回事"的问题。[1] 更糟的是,少见且欠规范的合同形式和组织由于缺乏技术和物质基础(Bain, 1968,第 381 页)而显得极为可疑,通常被假定具有反竞争性。得益于我

① 交易成本经济学虽然也正视技术经济的存在,但其重心仍在组织经济(尤其关注何时、为何要利用市场或等级制度来连接生产各相继阶段)。相比之下,标准的微观经济学理论直接或间接将交易成本假定为零,因此可以忽略。在简单的市场交易中,各方都存在着大量买家卖家,且身份因素并不重要,所以此时微观经济学理论近乎准确。但当交易双方(由于长期投资的不可再配置性而)出现相互依赖的情形,并有可能在合同界线上发生适应性冲突时,就很有必要对交易成本有所准备。

在卡内基大学对组织理论的学习及大部分早期研究，我知道组织十分重要且易于分析，因此这种独尊技术的理论存在着方向性错误。

1965 年，我来到宾夕法尼亚大学担任经济学副教授，在那里我的教学方向更倾向于研究生教育。而且无巧不成书，不久我受邀成为反垄断局局长的特别经济助理（1966—1967 年），为此宾大批准了我的离开。

实践亦是学习

从理论迈向实践也是一种学习。我在反垄断局的工作经历之所以有趣，是因为：（1）我们需要实时处理重要议题；（2）我的上司和同事都天赋异禀；（3）我很快意识到了一种对标准产业组织理论的过分信赖——强调进入障碍而忽视了组织经济。当我被问及对施温案①所草拟的案情摘要的看法时，这个问题显得尤为突出：特许授予者（阿诺德·施温公司）是出于什么目的而对特许经营者的行为加以限制的？由于这种限制缺乏技术或物质基础，因此草拟摘要认定这种特许经营限制具有反竞争性。我的看法更为谨慎。在我看来，不仅这些限制是否具有反竞争效果尚不明确，而且我们有理由认为这些限制——补充性或替代性地——维护了特许经营体系的完整性（Williamson，1985，第 183—189 页）。可惜的是，这

① 美国诉阿诺德·施温公司案，一个有名的反垄断案例。译者注。

份施温案草拟摘要的主笔者们不认同这样的看法,而是搬出了他们眼中的"当时经济学界对限制性分配的主流看法"(Williamson,1985,第185页,n. 2)。这种反竞争解读在辩论中一路通行,直到美国最高法院最终将其推翻。

我察觉到施温案及早前案例中的经济论证有所删减、存在缺陷,因此当我回到宾大继续教书时,我决定重新探讨纵向一体化及纵向市场限制问题。我和研究生一起把相关文献从头到尾研究了一遍,尽管许多论文极为出色,但我们还是欣慰地发现组织经济在其中的作用不大。于是我决定用结合经济学和组织理论的方式来检验纵向一体化。显然,我们应该从罗纳德·科斯的名作《企业的性质》(1937)入手。

交易成本的概念

科斯在其1937年发表的《企业的性质》一文中提出,经济学家不应该随波逐流地将经济活动定位在市场与企业之间,而是应该找出这些经济活动分别指向何处以及其中的原因。他的观点没有马上获得认可,部分原因是我们很难分辨出要想作出正确的自制或外购决策,哪些基本因素会起到决定性的作用。但也存在其他原因。20世纪30年代,经济学其他一些领域的发展更能激起人们的热情和兴趣——包括凯恩斯革命、社会主义大辩论、垄断竞争、资源分配模式的趋同以及四五十年代数理经济学和计量经济学的逐步发展。在这段时间里,交易成本问题几乎无人问津。

然而在 60 年代,交易成本问题以一种出人意表的方式重新回到了人们的视野之中。当时科斯(1960)和肯尼斯·阿罗(1969)完善了零交易成本这一盛行假设的内在逻辑。这一逻辑的完善造成了一种让人不安的局面:无论是积极还是消极的副作用(例如环境污染),其效果都会达到极致——因为各方都能不费成本地协商出一种有效率的方案(Coase, 1960)。同理,企业永远都不用亲自运营各个生产阶段,因为将它们外包给独立的供应商完全**不需要任何**契约成本(Arrow, 1969)。啊! 外部效应和纵向一体化不复存在。

事实证明情况并非如此:积极和消极的外部效应确实地存在着,而且纵向一体化也很普遍。显然,人们需要对一直被忽略的交易成本做好准备,但这种准备缺乏重点,以至于最终弄得一团糟。由于当时交易成本理论是为了解释人们已经观察到的企业内部及企业间缔约实践而临时提出的,因此这种“马后炮”式的论证很快就给交易成本带来了一个“当之无愧的坏名声”(Fischer, 1977,第 322 页)。

交易成本经济学的可操作化

交易成本和交易成本经济学(TCE)的概念有时会被混为一谈,但它们可以被有效区分开来。交易成本经济学试图将具有可操作性的内容注入到交易成本的概念之中。我在卡内基大学的跨学科教育经历告诉我,新古典经济学所依赖的行为假定虽然为分析提供了便利,但却过于简单化,除此之外它还告诉我组织十分重要,且易于分析。

行为假设

就我所知,“最最根本的是……”这样的话赫伯特·西蒙(Herbert Simon)只说过一次。全句是这样的:“在我们制定研究议程、决定研究方法时,最最根本的是我们如何看待人——其行为正是我们的研究对象——的本性。”(1985,第303页)。无可否认,早在60年前富兰克·奈特(Frank Knight)就呼吁人们正视“我们所了解的人性”(1965[1921,第270页])。珀西·布里奇曼(Percy Bridgeman)也曾劝告社会科学家们:“要理解人的行为,主要问题是理解他们的想法,即他们的思维如何运转。”(1955,第450页)然而,直到近年经济学家们才开始留意起此类观点。

西蒙格外强调认知力和自私心这两个因素。对于认知力,西蒙认为经济学上常用的完全理性假定应改为有限理性,即“主观上追求理性,但客观上只能有限地做到这一点”(Simon, 1957,第24

页)。所谓的人类行为者既非非理性(irrational),亦非无理性(non-rational),而是试图追求理性。西蒙还建议将人的自私心称作“动机的脆弱性”(1985,第305页)。

交易成本经济学认为,有限理性是一种适用于大多数研究目的的认知假设,同时,运用有限理性来研究契约得到的最主要结论是:凡是复杂的契约必定都不完全。不过交易成本经济学还在此基础上更进了一步。普遍观点认为有限理性行为者较为短视,但恰恰相反,交易成本经济学假设人类行为者(尤其是企业专家)能够放眼未来、识破潜在的契约风险,通过计算可能后果来规避合同风险(Shultz, 1995)。

交易成本经济学还积极应对机会主义问题,以此来克服动机的脆弱性。机会主义并不否认大多数人都信守承诺,而且往往有一部分人做得比约定的更多。然而,机会主义指出了其中的例外,即高回报的特殊情况,这使得交易各方偏离了合作精神,转而抠起了不完全契约里的字眼。为了应对机会主义问题,交易成本经济学引入了被人们遗忘了一百年的战略性考量(Makowski and Ostroy, 2001)。

组织的重要性

简单地把企业看成一种通过技术规律将原料变为产品的生产工具,就相当于在说:组织的存在无足轻重。但卡内基大学的传统看法却相反(March and Simon, 1958; Simon, 1962; Cyert and

March, 1963)：组织很重要，而且易于分析，虽然其中的原因较为零散。交易成本经济学主要对不断累积的适应性区别进行了分析，这种区别与不同交易适应性需求的多重治理模式有关。

我在前文曾将交易成本与摩擦类比。在力学系统中，我们关注的是机械的接口：齿轮是否吻合？零件是否润滑？是否存在不必要的动力传递损耗或其他能量损失？对应的，在交易成本经济学中我们则是要检验各相继生产阶段之间的合同接口：交易各方是否在积极、及时地运作？是否常常出现可能引起延误、合作破裂和适应不良等问题的误解和冲突？

与经济组织的标准研究方法不同，交易成本经济学使用的是比较合同法，并重点强调了以下特性：(1)以交易为分析单位（交易的关键方面都被指出并阐明）；(2)组织的主要问题在于其适应性，其中自主型适应（Hayek, 1945）和协调型适应（Barnard, 1938）较为突出；(3)所有复杂契约都具有不完全性（由于有限理性），而且高回报的特殊情况往往会诱惑交易者背离合作精神（由于机会主义）；(4)治理是维持秩序，从而缓和冲突、实现双赢的手段；(5)组织的主要目标是降低交易成本，实现手段是(6)为了使各类不同性质的交易与不同成本及能力的治理结构保持一致，以此实现高效产出。

鉴于我在反垄断方面的经验（如前文所述），我处理的第一个难题就是纵向一体化。最初我将其看作一个独立的问题

(Williamson, 1971),然而一旦梳理出纵向一体化的逻辑之后,我很快发现,任何缔约问题或者可以以缔约问题形式表示的问题,经检验都在降低交易成本的层面上具有优势。随后,越来越多的问题都从降低交易成本的角度得到了检验,一篇关于交易成本实践的长篇文献也开始形成。

交易成本经济学不仅大量运用于产业组织领域之中,同时还在经济、商业的大部分应用领域以及相关的社会科学领域里得到了广泛运用。而且它在应用的过程中还影响着公共政策的制定。除此之外,交易成本经济学还是一门不断发展的学科(完全形式主义就是其中的一项进步)——发展过程中年轻学者的参与和贡献仍然意义重大。

更广义的跨学科社会科学

跨学科社会科学的形成涵盖范围非常之广,包括法律与经济学、制度经济学、法律、经济学与组织、实证政治理论、经济学与心理学(包括进化心理学)、经济学与社会学等等,内容数不胜数。

交易成本经济学能够而且事实上的确帮助推动了许多领域的新进展,但在另一些领域却有些例外。例如,社会学家们常常习惯将信任和风险二者互相替换使用——正如狄亚哥·甘贝塔(Diego

Gambetta)的观点:“当我们说我们相信某人或某人值得信任时,我们的潜台词是这个人很有可能会做出有利于我们或起码不会损害我们利益的行为,而且这种可能性高到了值得我们考虑与其建立某种合作。”(1988,第217页)对此我的看法是,商业风险和个人信任问题是两种不同的概念。确切地说,预测的风险往往是评判贸易的标准——因为一个企业在选择交易对象时主要依赖于对预期净利润的切实计算,且计算的依据往往都是公开的。相比之下,将接受或拒绝交易的商业决策理解为信任问题,则要求企业对预期净利润的迹象作出事后解释,而这种解释的依据往往经不住审查(Williamson, 1996,第256—267页)。

我关心的第二个问题是,很多社会学家(包括一些经济学家)都倾向于将低效归因于缺少理想假设的活动,尽管相关的比较对象是可行的替代方案。“矫正标准”(Williamson, 1996)的概念就是为了纠正这种实践而提出的。其标准如下:如果一种现存的组织或实践模式(1)找不到较优的可行替代方案且(2)无法以预期净利润标准执行,则(3)推定该模式效率很高。当然,最后这个推定是可以反驳的推定——因为某些较优的可行替代方案可能会受到不公平的阻碍。将这类不公平因素抛开不看,那么对于一种现有模式而言,只有当一种较优的可行方案在考虑了执行成本的情况下实现了净利润时,该模式才能被说是低效的。

换句话说:应该系统性地关注与值得替代项目——无论是公

共还是私人项目——相关的执行机制和成本。忽视矫正标准的公共政策没能称职地完成自己的使命(Dixit, 1996)。

结论

对于那些既着迷于经济学(这门学科本身魅力无穷)又对跨学科研究感兴趣的高中生和大学生而言,我的建议是通过选修课来学习你感兴趣的相关领域。我还建议你用两步走的方式进行学习。首先,让每个学科领域"用自己的语言说话"。然后让各个学科之间的信息相互渗透。

交易成本经济学仍是经济学中一个很年轻的分支——这意味着与其他根基稳固的学科相比,交易成本经济学的发展尚不完全。然而,它在理论、实践和公共政策领域都取得了突破。除此之外,由于社会科学总是与最错综复杂的现象打交道,因此出于经济学的多元化考虑也应该大力推荐这门学科。

试试吧,或许你会喜欢上它的。我们的队伍中有些人一开始就被经济学吸引,也有许多人在阅尽千帆之后最终回归经济学,这是我们的经验之谈。

术语表

有限理性:与完全理性相反,有限理性假设人类行为者主观上追求理性,但客观上只能做到一部分——这带来的一个重要后果是使得所有复杂合同都具有不完全性,给考虑到机会主义问题的经济学分析带来了新的挑战(见下文)。

可信承诺:给交易各方注入信心的机制——例如共享、核实合同执行过程中的相关信息,建立专门的争端解决机制来保障交易的推进,同时能在合作崩溃时落实好各方在交易之初达成的违约赔偿。

凯恩斯革命:对涉及到整体经济就业水平的决定因素的宏观经济学理论进行的基础性修订。

垄断竞争:涉及到既非完全竞争又非完全垄断的(正如在20世纪30年代的教科书中强调的)企业,包括生产有着显著特征(品牌名称)的不同产品但同时极具竞争力的企业。

自然系统:在自然系统中,组织集体的成员以一种非正式的形式来维护系统存续的共同利益。

开放系统:在开放系统中,组织是不断变化的利益群体的联盟,其探讨的目标也随着环境因素变化。

机会主义:机会主义为战略行为做好了准备,因为可以预见一旦出现高回报的情况，企业和个人就会背离合作精神，除非建立起有成本效益的可信承诺机制（随着战略风险的增加，外包被等级制度所取代）。

理性系统：组织通过采用等级制度的方式来主动、理性、明确地适应不断变化的环境。

社会主义大辩论：指的是从20世纪30年代开始并持续了很多年的一场经济学家之间的论战，其争论核心是社会主义比起资本主义的优点所在。辩论的大部分内容是从规范而非实证的层面出发的。

纵向一体化：最终商品和服务的生产者按照自身需求生产零件（例如轮胎或电子器件）或通过外部供应商来获取这些零件。前者被称为纵向一体化，后者则被称为外包。为了保证效益，企业应该在考虑价格、质量、运输等因素的情况下在两者间进行正确的选择。有时会出现反竞争问题。

纵向市场限制：生产商有时会对其特许经销商施加价格、服务、转卖或竞争限制。通常这类限制的目的在于维护待售商品或服务的完整性，但有时可能会包含反竞争目的或造成反竞争后果。

参考文献

1. Arrow, Kenneth J. 1969. *The organization of economic activity: issues pertinent to the choice of market versus nonmarket allocation*(《经济活动组织：市场选择 vs 非市场分配的相关问题》). In *The Analysis and Evaluation of Public Expenditure: The PPB System*(《公共支出分析评估：PPB 系统》), vol. 1, US Joint Economic Committee, 91st Congress, 1st Session, 59 - 73. Washington, DC: US Government Printing Office.

2.Bain, Joe. 1968. *Industrial Organization*(《产业组织》) (2nd edn). New York: John Wiley and Sons.

3.Barnard, Chester. 1938. *The Functions of the Executive*(《经理人员的职能》).Cambridge: Harvard University Press.

4.Bridgeman, Percy. 1955. *Reflections of A Physicist* (《一个物理学家的沉思》)(2nd edn). New York: Philosophical Library.

5.Coase, Ronald. 1937. *The nature of the firm* (《企业的性质》). *Economica*, 4 (16), 386-405.

6.Coase, Ronald. 1960. *The problem of social cost*(《社会成本问题》). *Journal of Law and Economics*(《法律与经济学杂志》), 3(1), 1-44.

7.Cyert, Richard M., and March, James G. 1963. *A Behavioral Theory of the Firm*(《企业行为理论》). Englewood Cliffs, NJ: Prentice-Hall.

8.Dixit, Avinash. 1996. *The Making of Economic Policy: A Transaction Cost Politics Perspective*(《经济政策的制定:交易成本政治学的视角》). Cambridge, MA: MIT Press.

9.Drèze, Jacques. 1995. *40 years of public economics – a personal perspective*(《公共经济学40年之个人观》). *Journal of Economic Perspectives*(《经济展望杂志》), 9 (2) (Spring), 111-130.

10.Fischer, Stanley. 1977. *Long-term contracting, sticky prices, and monetary policy: comment*(《长期合同、价格粘性和货币政策:评论》). *Journal of Monetary Economics*(《货币经济学杂志》), 3, 317-324.

11.Gambetta, Diego. 1988. *Can we trust trust?* (《信任可信吗?》)In *Trust: Making and Breaking Cooperative Relations*(《信任:合作关系的建立与破坏》), ed, Diego Gambetta. Oxford: Basil Blackwell, pp. 213-237.

12.Hayek, Friedrich. 1945. *The use of knowledge in society*(《知识在社会中的利用》). *American Economic Review*(《美国经济评论》), 35 (September), 519-530.

13. Knight, Frank H. 1965 [1921]. *Risk, Uncertainty, and Profit*(《风险、不确定性与利润》). New York: Harper & Row.

14. Makowski, L., and Ostroy, J. (2001). *Perfect competition and the creativity of the market*(《完美竞争与市场创造力》). *Journal of Economic Literature*(《经济文献杂志》), 32 (2): 479-535.

15. March, James G., and Simon, Herbert A. 1958. *Organizations*(《组织》). New York: John Wiley & Sons.

16. Michels, Robert. 1962 [1915]. *Political Parties*(《政党》). New York: Free Press.

17. Scott, W. Richard. 1987. *Organizations*(《组织》). Englewood Cliffs, NJ: Prentice-Hall.

18. Simon, Herbert A. 1957. *Models of Man*(《人类模型》). New York: John Wiley & Sons.

19. Simon, Herbert A. 1962. *The architecture of complexity*(《复杂的结构》). *Proceedings of the American Philosophical Society*(《美国哲学学会会刊》), 106 (December), 467-482.

20. Simon, Herbert A. 1985. *Human nature in politics: the dialogue of psychology with political science*(《政治中的人性:心理学与政治学的对话》). *American Political Science Review*(《美国政治科学评论》), 79: 293-304.

21.Shultz, George. 1995. *Economics in action: ideas, institutions, policies* (《经济学实践：观点、制度与政策》). *American Economic Review*, Papers Proceedings, 85 (May), 1-8.

22. Williamson, Oliver E. 1971. *The vertical integration of production: market failure considerations*(《生产的纵向一体化：市场失灵的考察》). *American Economic Review*, 61 (2), 112-123.

23. Williamson, Oliver E. 1985. *The Economic Institutions of Capitalism*(《资本主义经济制度》). New York: Free Press.

24.Williamson, Oliver E.1996. *The Mechanisms of Governance* (《治理机制》). New York: Oxford University Press.

Chapter 10

威廉·夏普

William F.Sharpe

美国人

诺贝尔经济学奖得主

1990

虽然近年来金融市场名声不太好,但它们肩负着对各生产领域资源进行再分配的重任,同时使企业得以对办公楼、员工和设备进行投资,因此在经济的运行中作用重大。金融市场还能反映企业的前景和风险,向投资者提供影响其投资决策的线索。

1990年的诺贝尔经济学奖由哈里·马科维茨(Harry M. Markowitz)、默顿·米勒(Merton H. Miller)和威廉·夏普三人共同获得,以此表彰他们"在金融经济学理论方面的开创性工作"。"别把所有鸡蛋都放在同一个篮子里"虽然是一句人们耳熟能详的警语,但也只是长期停留在警语的层面。直到20世纪50年代,哈里·马科维茨提炼了这条箴言的精华,并将其应用到了自己的投资组合选择理论——一个通过"差额投注"来降低投资者风险的体系。

十年后,威廉·夏普成为一批独立研究者中的领军人物,他们以马科维茨投资组合理论为基础发展出了一种金融资产定价通论,即资本资产定价模型(CAPM, Capital Asset Pricing Model),以此对金融资产的价格形成机制进行市场分析。夏普1964年发表的论文《资本资产价格:风险条件下的市场均衡理论》体现了其作出的开拓性贡献。

根据资本资产定价模型,一个投资组合的结构取决于该投资者对各类证券的前景评估,而非他对于风险的态度。当投资者在包含风险投资及无风险投资(例如短期国债)的投资组合与借贷之间进行选择时,就体现了这一理论。在没有获得特殊信息的情况下,投资者很有可能会得到一份标准的股票市场投资组合。

虽然差额投注减少了整体的投资风险,但投资组合中的每份特定投资仍给整个投资组合带来了风险。我们所知道的股票“β值”其职能就是指出股票的潜在风险和预期收益。资本资产定价模型显示,风险可以被转移到资本市场之中,并在此进行买卖和评估,这使得投资组合决策更具连贯性。

CAPM 被视为现代金融市场价格理论的模型,同时它是很多不同领域的重要决策基础。除了马科维茨投资组合模型之外,它也构成了全世界金融经济学课本的框架。

威廉·福赛斯·夏普于 1934 年 6 月出生在马萨诸塞州的波士顿市。夏普的双亲都是学者,但由于当时战争一触即发,1940 年他父亲所在的国民警卫队分队转移到了德克萨斯州,后又迁至加利福尼亚州的河滨市。夏普在那里长大并接受了“极好的”公共教育。1951 年,他进入加利福尼亚大学伯克利分校学习科学和医学,一年后转至洛杉矶分校学习工商管理。然而,比起会计学夏普更喜欢经济学,于是他很快又换了专业。他对两位影响他职业生涯的导师——阿尔蒙·阿尔奇安(Armen Alchian)和弗雷德·威斯通(J. Fred Weston)——尤为称赞。前者“教导学生要万事存疑”,后者首次向夏普介绍了哈里·马科维茨的著作。

1995年夏普获得了经济学学士学位,并于次年获得了文科硕士学位。在短期服役之后,他于1956年成为了兰德公司(RAND Corporation)的一名经济学家。在那里,夏普得以和马科维茨本人共事,后者为他的论文《基于证券间关系的简化模型的证券组合分析》提供了帮助。

夏普于1961年获得了博士学位,之后迁至西雅图,在华盛顿大学商学院教授金融课程。在那里,他开始将其早期成果整理、提炼成一篇新的作品,并于1964年9月将其发表在《金融杂志》上,而这就是资本资产定价模型发展的基础所在。

1968年,夏普来到了加利福尼亚大学尔湾分校,但不久他就接受了斯坦福大学工商管理研究生院的聘用。1973年,夏普获得了斯坦福大学丁肯财务学教授(Timken Professor of Finance)的称号。他曾任美国金融协会主席,并获得过多个奖项。

1989年,夏普从学校退休,开始在包括美林公司(Merrill Lynch)、富国投资咨询公司(Wells Fargo Investment Advisors)和瑞士联合银行(Union Bank of Switzerland)在内的多家企业担任顾问。

夏普已婚,育有两个子女。

养老保障

退休

我们在尚未开启职业生涯之前就应该关注退休财务问题。为什么？两个原因。其一，当我们退休时，肯定会有某项社会（政府）政策向我们提供一定的退休收入，以此保障我们的最低生活标准。无论作为这类项目的参与者还是普通公民，我们都应该对相关事宜有所了解。其二，为了退休后能过上自己想过的生活，我们需要把收入的相当大一部分用于储蓄和投资。因此对于退休财务问题，我们了解得越多越好。

纵观历史，退休是个相对新兴的事物。在 1900 年时发达国家的人均寿命还不超过五十岁。当德国首相奥托·冯·俾斯麦在 1889 年制定首个强制性的政府退休金规定时，只有极少数人有望活到能领取退休金的规定年龄(最初为70岁,后于1916年降至65岁)。但时代已经变了。20世纪50年代初,在世界较发达地区出生的孩子有半数活不过66岁。但在2000年,在同样地区出生的孩子至少有一半人有望庆祝自己的77岁生日。[①] 得益于现代医疗事业的发展和生活水平的提高,全球人口的预期寿命得到了大幅增长。

经济生命周期

图10.1展示出了我们生命周期中收入和开支的大致走势。[②] 这张图绘制出了2000年美国各年龄段的每个消费单位(家庭)的年平均税前收入及支出。虽然每个人的经历都不尽相同,但所有人的一生大致上都遵循着同一个周期。

我们在工作生涯的早期通常会用掉几乎所有收入,但之后为了能过上期望中的晚年生活,我们开始在消费之外有所结余。当我们离开了固定岗位或事业后,我们的收入将下降,甚至完全失去收入来源。但我们想在晚年仍拥有一定的收入。要做到这一点,我们需要在工作时期就将消费控制在低于税前收入的水平。

---

① 安格斯·麦迪森(Augus Maddison),《世界经济千年统计》(Paris:OECD,2001)。

② 美国人口普查局2010年消费支出调查,表3。

图 10.1　2010 年美国消费单位的平均收入及开支

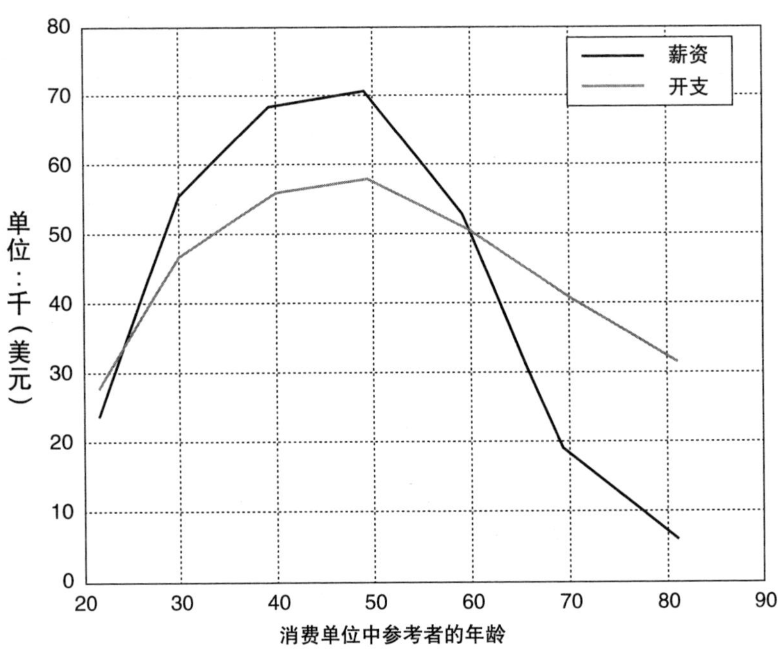

一般来说，各国政府会减少公民应缴的工资税并向雇主收取额外款项，再在公民退休后向其支付一定的养老金，通过这样的社会政策来为退休者服务。我们的工作单位也可能减除一些额外费用并为我们提供退休津贴。但是我们多半还会想存储结余的可支配收入并进行投资，以此来进一步平衡我们的长期消费模式。这么做需要我们把工作时期的收入转移到退休时期。而要实现这一目标，个人应该作出明智的储蓄和投资决定，这一点正变得日益重要。

通货膨胀

虽然许多商品的价格时常下跌,但更常见的情况是:维持某种固定生活水平的总成本往往会逐年增加。这种物价膨胀削弱了货币的购买力,长此以往,相同数额的收入将只能提供比过去更低质量的生活。

假设你今天打算往银行里存入 100 欧元。作为回报,银行承诺从现在开始的一年后返还你 110 欧元。通常我们会说你在这项投资中的收益率为 10%。**名义上来说**的确如此。但假设这一年平均物价上涨了 8%。那么一年之后你的购买力只增加了大约 2%。也就是说,你的实际收益率只有 2%。

1980 年到 2011 年下半年间,主要发达国家(七国集团)的平均通胀率约为每年 3.2%。[①] 这个数字看起来似乎很健康,但即使通胀率处于这种相对较低的水平,同一笔金额的购买力在这将近 22 年的时间内仍下降了一半。要想避免损失,我们存款的收益率必须高于通胀率。

大部分时候,购买信用评级较高的政府所发行的一年期或更短期债券给我们带来的收益要高于我们因购买债券而放弃的其他收益。这类短期债券或票据所承诺的名义利率往往要高于购买后的通胀率。这种情况下,即使存在通货膨胀,我们最终也能获得实

① 国际货币基金组织,世界经济展望数据库,2011 年。

际回报。然而,如果在失业率走高(部分归因于央行举措)的时期,名义利率可能会低至极限,以致即便是品质最优的短期政府债券,其实际收益率也会为零甚至负值。

就名义收益而言,投资短期政府债券的战略或许风险较小甚至没有风险,但由于通货膨胀带来了难以预测的变量,这使得实际收益充满了不确定性。为了让投资者在不承担风险的情况下获取实际收益,大多数政府都发行通胀保值债券。这类债券通常期限更长,其兑换数额会随着生活成本指数的增加而进行相应调整。按实值计算,由信用较好的政府发行的此类债券是我们所能购买的在实际收益(购买力)方面风险最小的储蓄工具。

遗憾的是,当名义利率极低(或者为零)时,即使是高质量的通胀保值债券其实际收益率也可能为负值。2012 年初,美国五年期通货膨胀保值国债曾一度连续数天年实际收益率为-1%!要想获得正实际收益,人们往往不得不购买期限为 20 年或 30 年的证券。

在经济更为正常的时期,高质量的通胀保值债券可以带来正实际收益。但即使在这种情况下收益一定也很小。这给那些不愿冒险进行民间投资,但又想为未来的消费积累财富的投资者带来了沉重的负担。

社会保障退休计划

事实上,所有发达国家都有社会保障退休计划。雇员和雇主双方需缴纳强制性的资金,该计划会在雇员达到指定年龄时(只要其仍健在)向其支付津贴。一旦社会保障退休计划开始支付津贴,其每年支付的金额就会随着通货膨胀而整体上升。通胀情况是根据政府生活成本指数计算得出的。虽然这些规定无法完整反映出每个人个性化消费的成本和品质变化,但这项计划的目的在于使退休者能维持一个相对稳定的生活水平。

判断一个社会养老计划慷慨与否,标准做法是计算其"替代率",即受益者第一年的退休津贴与其前一年所得收入的数额之比。图 10.2 呈现出了公民退休前的税前收入被退休后社会养老体系发放的退休津贴所替换的比率。这幅图表展示了八个国家不同收入水平的替代率情况,均由替代量占该国平均收入的百分比来表示。

图 10.2 突出反映了一个事实:如果一个公民单纯依靠社会养老体系发放的津贴来维持退休生活,通常他或她的收入水平在退休后会下降一半以上。图 10.2 还体现出另一个显著特征,即图中各国的高收入人群的养老津贴替换率要低得多。这是政府有意为之的。此类计划的设计目的就在于将高收入人群的收入再分配给相对贫穷的群体。

图 10.2　社会保障退休计划的替代率

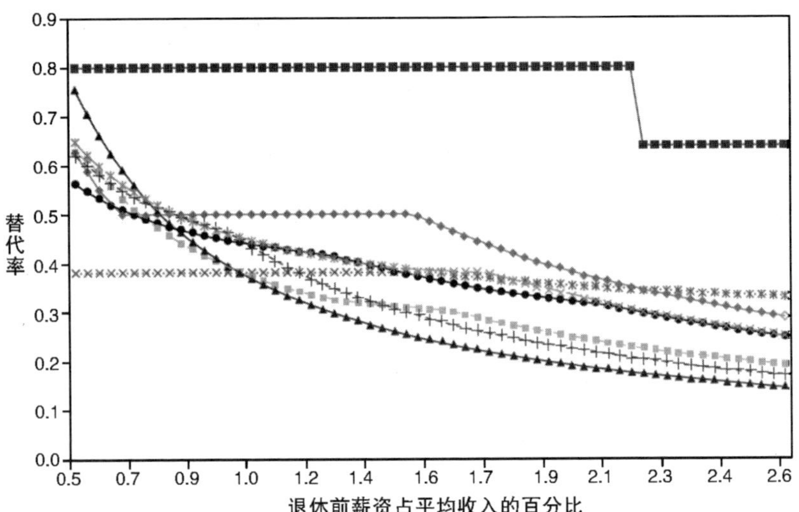

来源：娜塔莉亚·加拉巴托（Natalia Garabato）和艾琳·马希奥（Irene Mussio）。《建立私人养老金制度：社会保障与退休满意度的关系分析》。华信惠悦咨询公司，2010 年。

一般来说，社会保障计划的意图并不在于充分地为每个人提供相对稳定的生活水平，而是为那些处于收入水平底层、希望能获得额外退休收入来源的人们提供一张“安全网”。

有人可能以为雇主和雇员向社会保障退休计划缴纳的资金会用于投资，而投资所得收益则会用于支付退休津贴，但事实却并非如此。大多数政府会将本年度劳动人口缴纳的部分甚至全部资金支付给如今已经退休的上一代劳动者。如果资金有结余的话也多半会直接或间接用到其他政府开支上。大体而言，这种体系遵循的是一种"随收随付"的方式。

由于缺乏大量的实质存款及投资，社会保障退休计划面临资金不足问题的严峻考验。对经济增长率、失业率、通胀率等宏观经济学变量的不准确假设容易给政府造成压力，迫使其削减对此类养老计划的资金支持，由此损害计划受益人的利益。例如在 2011 年，美国社会保障体系对其过去及当时的参与者欠下了高达 18.8 万亿美元的短期债务——这个数字超过了美国一整年的国内生产总值。[①] 更糟的是，为了减轻 2007 年爆发的经济衰退带来的部分影响，政府在维持退休津贴不变的情况下降低了缴费率。

在美国以及其他许多国家，关于改进社会养老体系的政治讨论仍在继续。在 2010 至 2011 年间，为了应对金融危机，有些国家降低了养老津贴的发放金额，有的国家则提高了领取养老津贴的年龄标准。

然而，社会养老体系存在的问题影响重大。人们越来越长寿，而且这一趋势有望继续保持下去。当然，没人能百分之百准确地预测出这些变化。医学发展可能会进一步延长人们的寿命。另一方面，人类的习惯变更又可能会放缓发展的脚步（想想快餐这个例子），并使人们的生活质量下降。但我们极有可能比我们的父辈更加长寿，正如现代的每一代都比前一代更长寿一样。

---

① 联邦老年及幸存者保险信托基金，2011 年年度报告。表 4，B7。

图 10.3　2008 年与 2050 年全球各国养老比例：劳动适龄人口（20—64 岁）与养老金领取人口（65 岁以上）之比

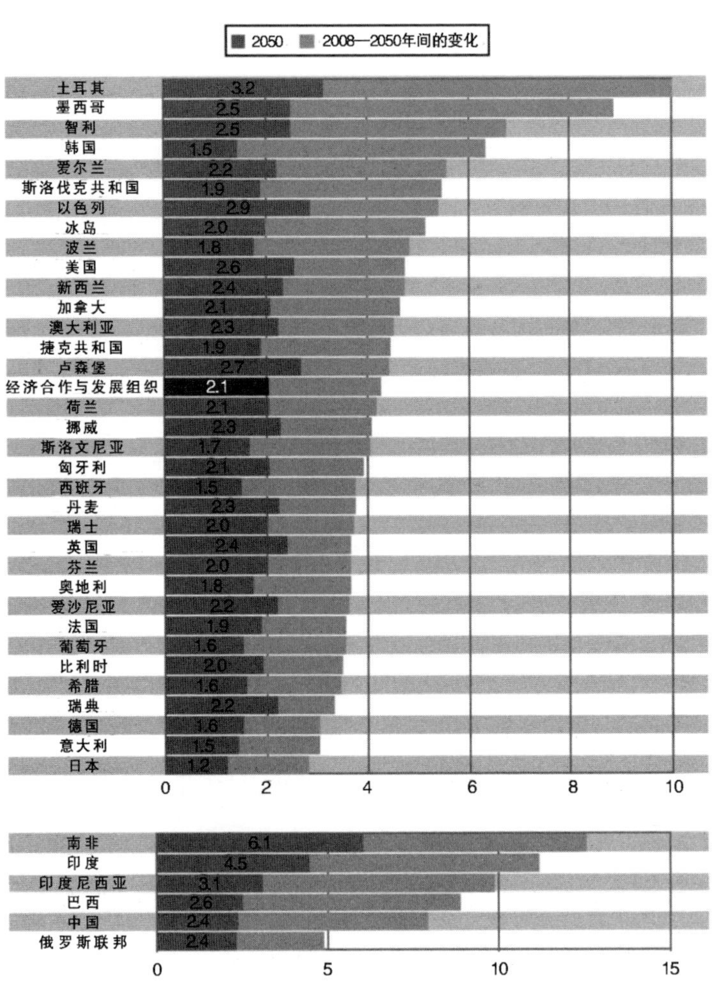

来源：经济合作与发展组织，《社会概览》。Paris：OECD，2011，表 GE5.1，面板 B。

预期寿命的增长显然会增加已有的各类社会养老计划的成本。但是还有一个因素极大地影响着全球各国社会养老计划的财政状况。新生儿的数量正在减少。人口统计学家关注一种叫作生育率的数据——大体上是指平均每个育龄妇女生了几个孩子。20世纪50年代初期,欠发达国家的平均生育率为6.07,发达国家为2.81。在2005到2010年期间,欠发达国家的平均生育率已经降至了2.68,发达国家则降至1.66。[①] 要想避免一国人口下降,该国生育率必须稍高于2.0(主要是因为婴儿死亡率问题)。这一点意味着什么显而易见。发达国家人口正面临衰退。来自欠发达国家的移民人口对此有所帮助,但即使这些欠发达国家的人口增长速度也大不如前。

图10.3显示了多个国家人均寿命的实际及预期增长以及生育率下降的结果。图中每一横条都表示一个实际或预测的老年抚养比值,这个数值是由年龄在20—64岁间的人口除以年龄在65岁或以上的人口而得出的。前者被视为"劳动年龄",后者则被视为"退休年龄",然而这种理解可能过于简单,尤其是就未来而言。无论如何,图中所示各国的养老比例都将会急剧下降。请注意,到那时的老年群体和年轻劳动群体都是由如今的世界人口构成的。如果既未出现生育热潮或人均寿命下滑的悲剧,又没有出现年轻劳

① 联合国人口司,《世界人口展望》,2010年。

动人口大规模迁移的突发情况,那么在未来数十年内这些国家的大量公民会逐渐老去,不断给本国的社会养老体系施加压力。

许多人认为人们应该延长工作年龄。这会大大减轻社会养老计划及个人储蓄方面的压力。人们每多工作一年,其缴纳的工资税就会增加,所需的退休收入总额则会减少。迄今为止,大多数国家的公民仍然按照原退休年龄甚至提前退休。但在未来,许多人可能迫于经济压力而不得不从其增加的寿命中至少拿出一部分时间用于工作挣钱。

即使你能推迟退休而且你的确这么做了,你肯定仍将需要自力更生地积攒大量收入以维持退休后的生活。如果你想在六十来岁时退休的话,这笔存款需要达到很大的数额。

雇主出资的养老金计划

许多雇主为其雇员提供一份独立或额外的养老计划,以此来增补或替代社会养老体系的效用。20 世纪后半叶这类养老计划大量涌现,它们像社会养老体系一样承诺发给雇员退休津贴,并提前按名义价值或实值定好数额。在一些国家,这类养老金固定收益计划和大部分社会养老计划一样并未设立基金,退休津贴直接从雇主的一般收入中支付。然而很多时候企业会设立一个用于支付当下及未来雇员退休津贴的基金,由雇主(可能还包括雇员)向该基金中存入资金。一般来说基金中的资本会用于投资风险债券（例如股票、公司债券以及高风险政府债券等），有时也包括一些低风险政府债券。这种投资和债务之间的不对等带来了巨大的风险——投资基金的价值有可能不足以支付约定的退休津贴，这要么导致退休雇员的津贴减少，要么导致雇主的支出增加。

在过去几十年中，很多雇主放弃了这种养老金固定收益计划，转而将雇员的退休津贴投资到独立的基金之中——每个基金为一个特定雇员提供退休津贴。雇员可以在雇主给出的若干投资工具中自由分配其基金。及至退休时，该雇员通常可以通过兑换基金来随心所欲地享受退休生活。这种体系被称为养老金固定缴款计划，因为这一计划的条款明确规定了需要缴纳至基金里的款额，却没有明确雇员最终获得的退休津贴数额。你十有八九也将通过这个计划获得自己的部分或全部退休资金。而要想在后半生过上满意的退休生活的话，你大概需要对储蓄额度、投资方式以及退休后如何使用基金等问题作出关键决策。

政府规定的福利计划

虽然许多私营企业的雇主都转而采用养老金固定缴款计划，但大多数政府雇员仍处于养老金固定收益计划的覆盖之下。对于那些必须支持这类政府计划的公民而言，其关键问题在于这类计划已经承担的债务总额以及基金资产的现有价值是否足以偿还这些债务。

大部分经济学家都会表示,判断这类养老金债务的最好方法是估算一套低风险政府债券组合的成本,这套债券组合要能在所有雇员都将于明天辞职的情况下向他们支付相应津贴。不仅如此,这些经济学家还会说,估算这些财产的最好方法是计算出明天将其售出所能获得的资金数额。遗憾的是,这些养老基金往往迫于政治压力而不得不遵守一些会抬高资产价值、压低债务价值的程序,从而导致人们对此类计划的实际资产估值虚高,同时对纳税人的养老金债务估值又低得离谱。在经济衰退及金融危机时期,资产估算可能会以长期平均物价而非最新报价为标准。债务估算可能以资产的预期收益估值为标准,这种标准想当然地认为此类收益每年都能得到落实,相比之下以当时的低风险投资收益为标准更为合适。虽然私营部门采用这种乐观假设的情况已经有所减少,但大部分政府部门仍然没有什么实质性的改革。

2007 年爆发的金融危机给许多国家采用养老金固定收益计划的政府雇员来带了惨重损失。这些政府部门的真实基金状况导致雇员的退休津贴下降,退休津贴的领取年龄抬高,同时还有其他揪心的变革。此外,一些政府机构部分或全部转换成了养老金固定缴款计划,而按照这种计划的设计,雇主不用承担大量短期债务,投资风险改由雇员承担。

向养老金固定缴款计划转变

无论好坏,已经有大量私营企业和政府部门从养老金固定收益计划转向了养老金固定缴款计划。后者允许雇员在一定范围内自行决定其储蓄和投资。雇员可以投资低风险政府债券,也可以为了获得更高收益以安享晚年而将部分或全部基金投资到风险更高的债券上。

为什么会有这种转变?不同情况下转变的理由可能不尽相同,但图 10.3 显示了其中的一种驱动力。人口在走向老龄化。在采用养老金固定收益计划的情况下,严峻的经济形势会造成企业产量下滑、大量人口失业,但对于有养老津贴保障的退休人员而言,他们的收入并未下降(按实值还是名义价值计算依具体计划而定)。当退休人员占总人口的比例相对较小时,一切尚且风平浪静。但当通过生产服务来供养这些退休人员的劳动人口数量减少时,由老一辈人来至少分摊一部分经济总风险是合乎情理的。养老金固定缴款计划让这种风险分摊成为可能,同时又并未强加给每个雇员。雇员可以在工作时期购买低风险债券,之后同提供终生担保支付的保险公司签订年金保险合同。雇员也可以投资高风险资产并将其收益用于退休生活以及(或者)购买年金保险。在养老金固定缴款体系中,劳动者可以自行决定是否要为更高回报而承担更多风险。与此同时,社会结构在面对严峻经济形势时也会更加强韧。

退休储蓄及投资

在养老保障的美丽新世界里,你很有可能要对储蓄量、收入投资方法及退休后资金的使用等问题作出决定。如果你够幸运的话,你的雇主会在这方面给你提供培训、咨询、规划工具及(或)专业管理,同时还包括一系列精心挑选的投资工具,例如基金、股票型基金、保险产品以及预先组合好的多资产策略。尽管如此,你依然任重道远。许多经济学家终生致力于了解投资市场的本质并为个人提供合适的投资战略。以下是基于这项研究得出的一些简明经验。

资本市场竞争极为激烈。你不大可能找到这样一种策略,能够保证其长期回报绝对高于低风险政府债券。而其他大部分债券无论在长期还是短期上都存在风险。你可能恰好想把一部分基金投资在其中几种债券上。但你需要做好这样的心理准备:你最终的退休生活水平会落在一个相当大的区间之内,具体落在哪一点无法确定。如果你选择了一种极为多样化的投资组合,那么这一区间的中轴线可能会高于投资低风险债券所能获得的退休生活水平。但如果投资结果落在了区间的最底层位置,那你会恨不得从未冒过这个额外风险。

金融行业提供的投资工具有无限种可能。在评估这些工具时,你需要牢记一条重要的经济学原则。在竞争激烈的市场之中没有免费的午餐。经济学理论认为,承担风险理应获得预期效益。但这并不适用于所有风险(否则大家都会涌向蒙特卡洛[①])——仅限投资工具受经济萧条影响而表现极差的风险。我们可以通过增加投资多样性来大大降低其他类型的风险。也就是说,你应该广泛选择多种风险投资,这样一来你所承担的主要风险就是全球市场的大崩溃。这种大崩溃往往由大规模衰退、金融危机及其他灾难或者人们对这些灾难的恐惧所引发。

另一个关键原则是,你不应该把血汗钱花在多余的金融产品和服务上。许多公司声称可以提供能在整体上或某一具体领域"打败市场"的投资工具。作为回报,它们每年要收取一笔高额附加费。然而,无论是理论还是实践经验都表明这类费用通常都打了水漂。费用数额也许看似很小(例如每年额外收取客户基金的1%),但这笔钱在你退休时对你的储蓄额而言意义重大。

幸好金融业同时提供一些旨在获取广义市场收益的低成本投资工具。这类工具中包括一种"指数基金",对于市面上的大部分或者全部债券,它都握有一定比例的份额(例如握有每支股票已发行股份百分之几的份额,同时/或者握有每个发行商已发行债券的百分之几的份额)。此类基金的提供商每年只会收取客户投资额1‰的费用,这样你就能存下更多退休资金。

---

① 蒙特卡洛是摩纳哥公国的一座城市,著名的蒙特卡洛大赌场所在地。译者注。

给你一个简单的建议。在投资退休存款时,你要么直接投资,要么通过年金保险投资将(1)低风险通胀保值债券和(2)一个或更多包含着全球债券股票投资组合的低成本指数基金结合起来。投资比例由你自行决定。如果你愿意为了追求长期附加回报而承担相应的附加风险的话,你应该加大在风险投资组合上的投入比例。这个策略的确很枯燥,但它却能能实实在在地给你帮助。

Chapter 11

埃里克·马斯金

Eric S.Maskin

美国人

诺贝尔经济学奖得主

2007

当我们求解一个问题(尤其是在包括经济学在内的非特定领域中)时,有可能会得出很多个言之有理的答案。其中的某一个答案或许会脱颖而出成为最佳选项,但其他选项可能也值得我们探索——实际上,这正是约翰·纳什博弈论的要义所在,而这也在电影《美丽心灵》中得到了浪漫的诠释。

埃里克·马斯金、莱昂尼德·赫维奇(Leonid Hurwicz)和罗杰·迈尔森(Roger Myerson)三人因其在机制设计理论方面的相关研究而共同获得了2007年的诺贝尔经济学奖。机制设计理论是一种分析(博弈)双方激励调整的最佳方式的数学体系。他们的研究不仅有助于个人合同的设计,还能帮助政府制定行之有效的规章。

马斯金通过促进所有均衡皆为最优的情形来帮助实现特定的社会经济目标,为执行理论(implementation theory)的发展作出了卓越贡献。在其博士论文指导老师、诺奖得主肯尼斯·阿罗将他引荐给莱昂尼德·赫维奇之后,马斯金在其职业生涯早期就形成了自己的理论。马斯金解释道:"莱昂(指赫维奇)的研究引发了一个问题,让我深陷其中:在什么情况下我们可以设计出一个能够执行某种给定的社会目标或社会选择规则的机制

（也就是一种程序或博弈）？最终我发现问题的关键在于单调性（现在时常被称为“马斯金单调性”）：如果一种社会选择规则不满足单调性，那么它就不具备可执行性；如果它满足单调性的特征，同时还存在无否决权条件（这是一种非必要条件），则它具备可执行性。后面这一发现的证实极具建设性，换句话说，我指明了如何直接设计出一个执行机制。”

马斯金承认自己设计的原始机制“相当繁琐”，并称赞了其同事卡尔·温德（Karl Vind）对这一设计的简化。马斯金的理论在其论文《纳什均衡和福利最优化》中得到了阐述，这篇论文完成于他在麻省理工学院任助理教授的第一个学期中，但直到二十年之后才最终得以出版。

埃里克·斯塔克·马斯金于1950年12月出生在纽约市，在临近的新泽西州长大。他在特纳夫莱上学，对学校老师的评价很高，认为他们培养了他对数学的兴趣。1968年，马斯金高中毕业，之后进入哈佛大学学习数学，还参加了肯尼斯·阿罗的经济学课程，这门课程中的一部分内容建立在莱昂尼德·赫维奇的机制设计研究之上。马斯金说：“他的研究让我大开眼界：它不仅精确、严谨，不时散发出数学的纯粹之美，而且还切实解决了重要的社会问题——这种结合让人难以抗拒。”

马斯金在哈佛于1976年获得了应用数学博士学位，不过在这个过程中他还坚持学习了一段时间的经济学，包括参与杜鲁门·彪利(Truman Bewley)的一般均衡课程。正是在这门课上马斯金结识了后来同他一起获得诺奖的罗杰·迈尔森。之后,马斯金在剑桥大学耶稣学院担任博士后研究员,并在此发展出了他的诺贝尔奖得奖理论。

回到美国后,马斯金成为了麻省理工学院的一名助理教授。1985年,他重返哈佛担任路易斯·博克曼经济学教授(Louis Berkman Professor of Economics),2000年进入普林斯顿高等研究院。虽然马斯金称这么做是为了避免自己担任太多正式职务,但他还是在耶路撒冷希伯来大学的经济理论暑期学校中担任着负责人一职。

2012年春马斯金再次回到哈佛,开始教授"经济学1052:博弈论和经济学应用"以及一门社会选择理论的课程。

马斯金已婚,育有两个子女。

我们应该如何选出领袖?

我们应该怎样选择我们的国家领袖(比如总统或副总统)? 最简单的方法是选举。但选举也分很多种方式——换句话说,在公民投票的基础之上存在很多种决定优胜者的方式。事实的确如此。例如,美国和法国都是通过公民投票来选举总统,但二者决定当选者的方式却大相径庭。[①] 因此我们需要比较各种各样的方法并鉴别出最优方案。

要想做好各类方法间的比较,我建议我们应该首先列出所有好的选举方式都通用的原则。然后我们可以判断哪个或哪些方式最符合这些原则。

---

① 美国使用的是一种叫作"总统选举团"的复杂制度,在此制度下各州会分别举行小型选举,全国共50场。各州内当选者(即获得票数最高的候选人)获得本州全部的"选举人票"(与该州在国会的席位数相同),而最终优胜者就是在全国范围内获得大多数选举人票的候选人。法国采用的是"两轮投票制":如果候选人在第一轮投票中获得的票数没有过半,那么获得票数最多的前两位候选人进入下一轮选举。

爱丽丝的候选人排名
Aisha
Naakesh
Boris
Wei

表 1

鲍勃的候选人排名
Boris
Naakesh
Wei
Aisha

表 2

60%	40%
Aisha	Boris
Naakesh	Naakesh
Boris	Wei
Wei	Aisha

表 3

首先让我们看一个简单的例子。假设有四个候选人:Aisha,Naakesh,Boris 和 Wei。现在有一个名叫爱丽丝的选民(见表 1),她刚好最支持 Aisha,其次是 Naakesh,接着是 Boris,最后是 Wei。还有一个名叫鲍勃的选民,他对候选人的支持程度由高到低依次是 Boris, Naakesh,Wei, Aisha(见表 2)。我们假设所有选民的观点不是和爱丽丝一样就是和鲍勃一样。假定支持爱丽丝观点的民众占 60%,支持鲍勃的占 40%(见表 3)。那么问题来了:在表 3 这种情形之下,哪位候选人会当选?

我首先要说明一点:谁最终当选要取决于采用的选举方式。在采用多数决定制(一个有着几百年历史的选举方式)的情况下,与其他候选人相比得到大多数选民(也就是过半选民)支持的候选人将会当选。因此,以表 3 为例,则 Aisha 会以压倒性优势赢得选举,因为有 60%的选民把她放在支持者名单的首位。但是如果采用另一种流行的选举方式——排序投票制(这种制度常被委员会用于选举主席),结果就不一样了。排序投票制是这样运作的:如果有四个候选人参选的话,每个选民将为其心中的首选投出四分,次选三分,再次两分,最不支持的候选人一分。每个候选人获得的分数累积起来,获得分数最高的候选人赢得选举。

就表 3 的情况而言,若采用排序投票制,当选者将不是 Aisha。如果一共有一百人参与投票,那么 Aisha 将从最支持她的选民那里获得 60×4=240 分。由于有 40 个选民把她放在支持名单的末位,所以她将从他们那里再获得 40×1 分,一共获得 280 分。在计算了其他候选者的得分数之后我们发现,Boris 也得到了 280 分,Wei 获得 140 分。出乎意料的是,虽然没有人将 Naakesh 放在支持名单的首位,但他最终获得了 100×3=300 分。这是因为他的排名一直保持在第二,这个成绩足以让他在排序投票制中当选。

因此,在我们举的例子里,多数决定制和排序投票制产生的选举结果相去甚远。对于这样的差异,我们如何判断哪种选举方式效果更好?

正如我前文所提到的,我们可以通过列举基本原则来解决这个问题。首先我们注意到,对任何选举方式来说,让 Wei 当选都是个离谱的结果。为什么?因为所有选民都更支持 Naakesh 而不是

Wei,所以他们更愿意看到 Naakesh 赢得选举。我们可以把这个逻辑总结成一条原则:如果所有选民支持候选人 A 胜过候选人 B 的话,那么 B 就不应该当选(把它称为共识原则)。

但是,现在共识原则本身并不能帮我们鉴别多数决定制和排序投票制的高下。两种选举方式显然都符合这个原则:如果 A 更受欢迎的话,那么绝对不会让 B 当选(我贸然说一句,会让 B 获胜的选举方式纯属无理取闹)。

那么让我们继续探讨第二条基本原则:在投票过程中,所有选民应该票数相等。有时我们也称其为“一人一票制”或平等选举原则。但多数决定制和排序投票制同样都满足这个要求:两种方式都没有对选民实行差别对待。因此我们必须进一步深入了解二者之间的本质区别。

正如选民之间应该人人平等一样,所有候选人也应该在平等的基础上竞争,这就是第三条重要原则。选举规则不应该偏向或歧视任何竞选者(例如,不能在其他人只需获得 51%的票数就能当选的情况下要求 Aisha 的当选票数达到三分之二)。我们把这个原则称为平等竞选原则。然而这一点仍然不足以区分出多数决定制和排序投票制;它们又一次同时满足了这个条件。

现在我们要来看看能区分这两种选举方式的基本原则。要解释这个原则,最简单的办法就是假设 Wei 退出了此次选举,留下其余三人继续角逐,这样结果又会如何? 我已经说过,Wei 不大可能赢得竞选,所以她的退出将不会对局面造成太大影响——无论她参不参与竞选,竞选的结果应该都是一样的。换句话说,Wei 退出竞选的决定无法干扰其他严肃竞选者的前途。

我将这种推理称作无干扰者原则,即一个没有胜算的参选者的退出竞选决定不能改变竞选结果。多数决定制肯定满足这个原则:如果 Wei 退出竞选,比起 Boris 和 Naakesh,Aisha 仍然是多数选民最支持的候选人。

但我们来看看排序投票制。我们知道,在四人参选的情况下 Naakesh 会赢得选举。当只有三人参选时,排序投票制的规则是:选民为其最支持的首选者给出三分,次选者两分,末位一分。按照表 3 的选民数据(去掉 Wei 的部分)来计算,Aisha 此时获得 220 分(3×60+1×40)。还是按这个算法,Boris 得到 180 分,但 Naakesh 这次却只有 100×2 = 200 分。因此 Wei 的退出会让 Aisha 成为优胜者:排序投票制不符合无干扰者原则。

就我们目前的比较结果来看,多数决定制和排序投票制两种投票方式都满足共识原则、平等选举原则和平等竞选原则,但只有前者满足无干扰者原则,从这个角度而言似乎前者优于后者。

但对比还没结束,因为另一个模拟案例证明多数决定制也存在问题。在这个新案例中,我们假设有 32%的选民最支持 Aisha,其次 Boris,第三 Naakesh,33%的选民最支持 Boris,其次 Naakesh,第三 Aisha,而剩下的 35%的选民最支持 Naakesh,其次 Aisha,第三

Boris(见表4)。在这样的情况下采用多数决定制会是什么结果?我们注意到67%的选民支持Aisha胜于Boris(第一和第三组的选民),因此Boris不会当选;65%的选民支持Boris胜于Naakesh(第一和第二组的选民),因此Naakesh也不会当选。但是68%的选民支持Naakesh胜于Aisha(第二和第三组的选民),因此Aisha也不会当选!在这个例子中没有优胜者。换句话说,多数决定制不满足决断力原则——任何选举方式都必须产生一个明确的优胜者。

32%	33%	35%
Aisha	Boris	Naakesh
Boris	Naakesh	Aisha
Naakesh	Aisha	Boris

表4

相比之下排序投票制则更具有决断力,因为总会有某个候选人获得的分数最高,而这个人就是竞选的优胜者。这么看来多数决定制和排序投票制之间似乎不分伯仲:多数决定制满足除了决断力原则以外的其他所有原则;而排序投票制满足除了无干扰者原则以外的其他所有原则。

这个结果让我们自然而然地把目光转向了其他选举方式。人们尤其会问:有没有一种选举方式能同时满足共识、平等投票、平等竞选、无干扰者和决断力这五个原则?很遗憾,答案是没有。这是经济学家肯尼斯·阿罗提出的阿罗不可能定理所给出的答案。

然而从某种重要意义而言,阿罗不可能定理所表达的信息过于消极。这一定理认为,如果一种选举方式满足某一指定原则,那么无论选民的偏好排名如何它都满足这个原则。然而有些排名在现实中是不太可能出现的。我特别要指出,表4的排序情形在很多时候都站不住脚。这是因为选民的偏好排名一般都是有因可循的。比如说,有时候他们对候选人的偏好排名是依据其意识形态而决定的。具体来说,我们可以把意识形态分为左派和右派,假设Naakesh是一名左翼候选人,Boris是右翼候选人,而Aisha的意识形态介于二者之间。如果选民以意识形态为标准来评价候选人,那么那些对Aisha的支持度低于Naakesh的选民,他们对Boris的支持度会更低。反之,对Aisha的支持度高于Naakesh的选民,他们对Boris的支持度会更高。选民中不会出现Boris、Naakesh、Aisha这样的支持顺序,至少这种可能性极低。然而值得注意的是,这种排名正是导致多数决定制在表4的情况下失去决断力的根本原因。事实上我们可以轻易证明,在意识形态因素决定选民偏好排名的情况下,多数决定制绝对不会失去决断力。这正是关键所在。

通过上述论证我们得出了这样的结论:在比较选举方式时我们应该考虑到,并非所有偏好排名都一定是合理可行的。相反,合理排名通常都是受到限制的。可能是受制于意识形态因素,也可能是其他因素。但它在大多数情况下总是被某种因素限制着的。

这使我想起了过去我和经济学家帕萨·达斯古普塔(Partha Dasgupta)合作完成的某项研究。我们假定选民对候选人的偏好排名是根据某种原因而非随意决定的,并在这种假设下专门研究比较了各种选举方式。

在展示我们的研究成果之前,我先介绍一个概念——"合理选举方式"。如果一种选举方式满足我们刚才所说的共识、平等投票、平等竞选、无干扰者和决断力五个原则,我们就将它称为合理的选举方式。阿罗不可能定理告诉我们,在选民对候选人的偏好排名完全不受任何因素限制的情况下不存在合理的选举方式。所以我们只考虑选民的偏好排名有因可循的情况。如果选民依照这种标准来决定他们对候选人的支持程度,而这种选举方式又符合我们的五项原则,我们就认为这是一种合理选举方式。比如说,在选民依照意识形态这一因素来选择支持对象时,多数决定制就是一种合理的选举方式。

我们的主要研究成果总结出了一个定理:对于各种不同的选民判断标准,多数决定制成为合理选举方式的情况比其他选举方式更多。更确切地说,我们可以选一种多数决定制以外的选举方式(比如排序投票制),看看它成为合理选举方式时的其中一种选民偏好排名标准(在这种标准下该选举方式满足全部五条原则)。然后我和达斯古普塔发现,在同样的情况中多数决定制必定也满足合理选举方式的条件。不仅如此，我们总能发现一些情形，在这些情形中多数决定制可以成为合理的选举方式，但其他选举方式却不能。

换句话说，就我们讨论过的原则而言，多数决定制明显优于其他可能的选举方式。在任何情形中，只要某种选举方式满足合理选举方式的五条原则，那么多数决定制就一定也能满足。而且我们总能找到另外一些情形是多数决定制可以满足而该种选举方式无法满足的。

这项研究的意义何在？事实上，世界上所有民主立法机关都在制定法律时采用了多数决定制，这个事实可以给我们一些启示。最符合五项原则的选举方式同时也是最得人心的选举方式，这应该不是巧合。有趣的是，即使不考虑受欢迎程度的因素，多数决定制仍明显能比其他选举方式更好地体现选民的诉求。所以，下次当立法机构的投票结果支持了某项荒唐的法律时，你或许可以这样安慰自己：虽然他们投错了票，但至少他们所用的投票方式是正确的！

关于这一话题的更多内容请见帕萨·达斯古普塔和埃里克·马斯金合作发表的《世界上最公平的投票》一文，该文刊登在 2004 年 2 月的《科学美国人》杂志上。你也许还想读一读肯尼斯·阿罗的著作《社会选择与个人价值》(1951)。

Chapter 12

罗杰·迈尔森

Roger B.Myerson

美国人

诺贝尔经济学奖得主

2007

在理想状态下，开放的市场能够确保资源的有效分配。遗憾的是，现实情况往往并不理想。不仅在市场本身及利害关系方中存在着无数变数，而且许多交易都是在公司内部或其他“闭门”协议下进行的。

这些市场参与者大多熟练掌握了相关的专业知识，并希望利用这些知识来为自己牟利。那么，如何确保结果的最优化？是否需要政府的介入？如果需要，怎样设计出最佳规则？

机制设计理论对个人激励和私人信息进行了阐释，以此帮助经济学家们确定有效的贸易机制，设计合理的规则，甚至改进投票程序。莱昂尼德·赫维奇开创了这一理论，而与他一同获得2007年诺贝尔经济学奖的埃里克·马斯金和罗杰·迈尔森则进一步发展了它。

20世纪70年代，迈尔森提出了“显示原理”(revelation principle)这一概念，它从根本上将待执行的分配与诱使知情代理人披露真实信息所需的货币转移联系了起来，从而极大地简化了找寻合适机制的过程，并将其应用到拍卖及监管等经济问题之中。

罗杰·布鲁斯·迈尔森于1951年3月出生在马萨诸塞州

的波士顿,其家庭对教育及科学学习十分重视。罗杰成长于一个核技术迅速发展、科幻小说盛行的年代,这让他憧憬着一个具有数学精确性的乌托邦。

罗杰在高中时开始阅读保罗·萨缪尔森(1970 年诺贝尔经济学奖得主)所著的经济学教材,后进入哈佛大学学习经济学及应用数学。1972 年,作为一名大三学生,他参加了霍华德·雷法(Howard Raiffa)关于决策分析的课程,这门课程让年轻的罗杰首次接触到了相对新兴的博弈论领域。

受此激发,罗杰找遍了图书馆里关于博弈论的书籍和文章,并被约翰·海萨尼(John Harsanyi)的合作理论所吸引。他深入研读了这一理论,直到他可以将所有内容化简为一个均衡贡献假设。不仅如此,迈尔森还尝试将这些合作解(cooperative solution)的概念延伸到有着两个以上参与者,且各方掌握着彼此不完整信息的博弈之中。

迈尔森以最优等成绩获得了学士学位,并于 1973 年获得应用数学硕士学位。1976 年,他以课题"一种合作博弈理论"获得了应用数学博士学位。

1976 年,迈尔森被聘为西北大学商学院(不久更名为凯洛格商学院)的助理教授,该学院当时正积极致力于数学经济理论方面的研究。正是在这里,他开始了关于显示原理的研究。该原理认为,对于任何交流系统中的任何均衡而言,一个可靠的中间人能让所有个体通过诚实达到理性均衡,从而创造出一个对等的交流系统。迈尔森于1979年在《计量经济学》杂志上发表了自己关于这一主题的第一篇文章。之后他继续对这一主题加以延伸,并于20世纪80年代末开始将博弈论模型应用于政治领域——这一工作最终让他对美国的伊拉克战后政策产生怀疑。

2001年,迈尔森成为了芝加哥大学的一名经济学教授,在这之前他已经是该校的客座教授。2007年他被提拔为格伦·罗伊德经济学杰出讲座教授(Glen A. Lloyd Distinguished Service Professor of Economics)。

迈尔森已婚,育有两个子女。

干预的标准

当我们生活在一个建设得很成功的民主社会时，我们被政治、法律、经济及社会机构所包围，其中每个机构似乎都依赖于其他众多机构。而当这些机构不存在或不运转时，为了让社会迈出从无序走向繁荣的第一步，我们应当首先建立哪些机构？这是社会科学的大问题之一。在国家崩溃后亟待重建的紧急时刻，这类关于国之根基的理论问题变成了切实的政策考量（参见詹姆斯·多宾斯[James Dobbins]2007年所著的《国家初建指南》）。可能会有人怀疑：外国力量是否有可能出于善意地干预一国建设？然而，但凡我们对此类干预的策划，或对策划者的责任承担意识抱有一丝希望，我们都应该对建设一个成功民主社会的首要任务有所了解。

我们假设外国势力武装干预了一国内政，并宣布将重建其政治体系，帮助其成为一个独立的民主国家。本章将以此假设为前提,从实际角度出发,探讨在这一情形之下有关国家基础的根本问题。在 2007 年出版的《最底层的十亿人》一书中,保罗·科利尔(Paul Collier)认为发达国家可以通过设立规定国际政策标准的各类“章程”,来帮助贫穷国家达成一系列重要目标:从贫穷国家自然资源收益的透明结算,到冲突之后的和谈等等。我认为在这种情形中,应该尽可能地进行一场以国会和选举产生的地区议会为核心支柱的政治重建。这么做的原因在于:国会和地方议会能向地方和中央提供大批在使用公众资金问题上较为负责、口碑较好的领导者,而这些领导者们正是推动民主发展的动力所在。

在 2003 年美国主导入侵了伊拉克之后,我开始关注国家建设标准的问题。我反对这一侵略行为,但我正视下述问题的重要性:接下来美国应该如何兑现其“重建一个独立、民主的伊拉克”的承诺?我们不必对“为带来民主而进行的侵略”抱有妄想,更不必认为它于被侵略国家的人民而言是好事。但是许多国家都曾遭受侵略,且未来还会由于其他原因而出现侵略行为(例如,在得到塔利班当局支持的纽约恐怖袭击发生之后,美国入侵了阿富汗),因此事后承诺帮助被侵略国家建立新的民主政府的行为应该得到支持。然而,这类承诺不应该用于粉饰帝国主义统治,而且如果我们不能判断出哪些政策能使民主成功发展的可能性最大化,我们就无法兑现这些承诺。

理论观点

一个国家真正的政治文化专家是这个国家积极参政的公民，他们不是中立的旁观者，因为他们与领导人利害与共，并试图通过领导人的权力最大化来维护自己的既得利益。具体来说，那些大力倡导国家建设干预行为的本土人士或许希望在新政权中获得中央职务，这样一来，构建一个高度集权的宪法结构就于他们有利。因此，倚仗专家的政治指导来进行国家建设最终有可能会建成一个权力过于集中的政治体系，从而与那些远离首都地区的地方精英之间产生嫌隙。

为避免这种偏见，国家建设的国际干预者（以及他们所面对的全球公众）还必须遵循一些建立在对各国政治体系共通之处的理解之上的一般性原则。当然，作为一名社会科学学者，我所提出的“所有国家的政治及政府之间都暗含着共同的一般性原则”的观点关系到我的既得利益。因此，我会尽力至少描绘出一部分一般性的政治原则。在此之前，我应该简单介绍一下指导我理解这些原则的四个经济理论分支，但在此后的论证过程中我将不再运用任何技术性分析。

对我产生重大影响的第一个方面，是托马斯·谢林（Thomas Schelling）在1960年提出的在多重均衡博弈中用以决策行为的焦点概念（Myerson，2010）。这一概念向我们展示出在广泛的社会情形中，理性行为会如何被公认的界限及标准（例如国家建设的章程）所影响。

第二个方面是代理理论，它让我们正视激励机制在组织中的重要性。但这一理论提出了一个问题：谁来保证激励报酬的许诺能够兑现？在一个组织中，对代理人的激励一般依赖于上级监管者的可靠判断及奖励。阿尔蒙·阿尔奇安（Armen Alchian）和哈罗德·德姆塞茨（Harold Demsetz）认为，组织的顶层监管者之所以维持代理人奖励机制，其激励因素是他或她所拥有的组织利润（1972）。也就是说，对于任何组织的最高领导者而言，其关键职能之一就是保证组织的代理人激励机制。非政治组织的代理人还可以诉诸国家法院，要求执行合约许诺的奖励，但这种追索权在掌握国家权力的政治组织中行不通。从这个角度来看，我们可以将一国的政治领袖视为该国社会激励机制的终极最高担保人。

第三个方面是重复博弈中的声誉均衡理论。在该理论中，人与人之间的各类关系分别对应着重复博弈中的各种均衡，个人会为了维护与他人的良好关系而遵循一定的行为规范。这些模型说明，领导人为了巩固自身的公认领导地位，必须将其行为标准上升为国家基本法律并加以坚持（要想了解这种影响是如何成为国家基础的，可参见 Myerson，2008）。

第四个方面是针对新竞争者的进入障碍理论，通过这一理论我们可以确定市场体系的实际竞争程度。这一理论显示，民主政治体系的实际竞争力将依靠降低参与政治竞争的门槛得以提高。这一看法说明地方政治至关重要。在一个健康的民主体系中,地方政治往往成为新候选人参与国家政治竞争的通道(关于这种影响的博弈理论模型可参见 Myerson, 2006)。

就上述概念而言,我们可以得出一种政治发展的一般性理论,这一理论的核心是领导者的关键性作用(Myerson, 2011)。各国人民依靠公众认可的地方和国家领导人来协调执法、提供公共服务,因此担任这些领导职位的个人能够分配酬劳和权益。所有社会都有方法来选拔这样的领导人。不同社会对能证明候选人是否具备领导人资质的品质和成就有着不同的要求。但无论在哪类社会中,只要存在领导人竞选,成功的候选人都需要大量社会民众的积极支持。要想促使民众支持自己,一个成功的领导人应该在回馈忠实支持者方面树立一个好名声。事实上,或许就如古希腊哲学家色诺芬——他最早提出了“经济”这个词——在古籍中所说的那样,在任何社会中,成功领导人的关键品德在于**饮水思源**(Myerson, 2009)。人们聚集起来支持他们眼中未来的领袖,希望他或她能给自己带来福祉。

另一方面,人们不会支持他们认为没有竞争力的个人(无论其个人品质如何),因为谁也不会花大力气支持没有胜算的候选者。因此,各国的政治领袖问题其本质都是一种协调博弈,其中的每个人都希望通过支持别人都支持的领导人来得到好处。这种协调博弈中存在多重均衡,任何可以将人们的注意力集中到一个具体均衡上的因素都可以推动理性结果的产生,正如托马斯·谢林1960年的焦点效应所说的自我应验的预言一样。因此,如果一个社会的文化或历史中存在某些因素,促使人们开始将一个有资质的人视为潜在的强势掌权者,那么这些因素会推动理性政治行为的发生,使这个人真正成为一个强权领袖。

这一理论观点帮助我们看清一个社会公认的权力分配方式是如何进行自我强化和自我延续的。因此,即使一国的政治体系在短期内受到了外国干预,其造成的政治影响也可能是长期性的,除非民众普遍对外国干预的合法性持否定态度。每个社会都有其选择权威领袖的一套标准,这是它的核心文化资产,是它独立自主的关键所在。这就是为什么外国政治干预行为危险重重。但是这种选择政治领袖的社会标准有时也会失灵,比如当一个社会认为政治领导人暴力袭击对手属于正常行为的时候。确认合格政治领导人的标准也可能变得功能失调,当社会不能对“国家领袖应该合法”形成共识,且政治暴力成为常态时。

实际问题

要证明外国干预是善意的且不含帝国主义意图,需要在一部社会普遍认同的宪法基础上进行选举。然而,也有可能出现外国干预者拿民主程序当幌子、建立傀儡政府的情况。

当外国力量帮助一个国家实现了和平之后，他们必须参与建立过渡政府，以监管国家政治体系的重建。过渡政府的临时领导人需要得到外国干预者的认可；而且在此前提之下，他或她能够在起草新宪法及监管新选举的委员会中大力为其支持者发声。这些支持者们期望他们的领导人能赢下第一场选举，而他们可以利用自己在宪法委员会中的影响力来起草一份明确规定了强权总统领导下的集权政府的宪法草案。只能在上述宪法草案和混乱局面之间作选择的选民倾向于选择前者。这样一来，地位稳固的“临时”领导人不仅独掌政府人事任免权，还能监督选举程序，因此会在接下来的总统选举中比其他对手更具优势。实际上，许多最优秀的潜在竞争者往往决定加入现有领导人的队伍，以此增加其政治晋升的机会，而非直接与该领导人竞争。

上述假设情景可能与近期的一系列国家建设活动相似，但我无意将任何既存政府描绘成外国力量的傀儡。我的重点在于，如果进行国家建设的外国干预者希望作出令世人信服的许诺，保证其正在建设的国家真正独立、民主，该国领导人也是通过竞争由国民自主选择出来的，那么外国干预者要做的就不仅仅是举行选举。

阿富汗卡尔扎伊政权的建立有一点非常重要，那就是尽管美国发起了驱逐塔利班的军事干预行动，但阿富汗政治的后续重建过程接受了来自其他国家及联合国秘书长的广泛监督。这种跨国政治监督是证明外国军事干预者真诚希望建立独立国家、而非帝国主义傀儡的重要方式。

现在我们再来考量起草宪法的过程。确保各个政治派别都能参与到制宪委员会中并不难。但如果委员会的任务是完成一个目标,那么就需要一个派别在其中发挥主导作用,而这一主导派别很有可能将与过渡政府的领导人结成同盟。如果民众除了政治混乱之外没有其他选项可以选择,那么主导派别就将在国家未来政治规则的制定上握有极大的权力。但我们应该问问,为什么制宪委员会只能提交一份宪法草案?民主宪法的领头起草者为什么在缺乏民主竞争的情况下行使其权力?这缺乏基本解释。对此存在另一种替代程序,即允许制宪委员会成员自由组成团队起草宪法,只要团队人数超过委员会人数的三分之一,其宪法草案就能面向社会公开,争取民众支持。这样一来,除非主导派系可以赢得制宪委员会三分之二的成员的共同支持,否则民众在进行赞成投票时就可以在两份彼此竞争的宪法草案之间作出选择。(三分之一的门槛将保证委员会最多向民众提供两个选项供其选择。如果赞成投票中设置了"弃权"的选项,则只有在两个草案均未获得多数票的情况下才会组建新的制宪委员会重新返工。)

即使是在委员会最终统一意见、提交一份宪法草案的情况下,如果委员会中的少数派能向公众提供其他选项,这也会让委员会的内部协商更趋于平衡。因此,主导派别通常不愿意看到少数派有发布竞争性宪法草案的哪怕一丝可能性。不过这种竞争的可能性可以被写进外国干预者遵守的国家建设章程规范之中,并作出合理规定。因为外国干预者在监督被占领国的制宪委员会的过程中,需要向外界展示出其建设一个真正民主国家的承诺和决心。

然而,对于那些承诺在被占领国重建一个独立国家的外国干预者而言,对新宪法起草过程的控制问题仅是其面临的根本性困境的冰山一角。这种困境最关键的核心在于转移过渡政府的权威。无论谁掌权过渡政府,他或她都将有权进行职权分配,并在全国范围内构建其支持者网络。但是在外国的国家建设干预行为结束后,该国通常会出现一段政治真空期,因为外国力量的干预行为要么摧毁了一种不为国际社会所接受的政治体系,要么终结了该国的无政府混乱状态。在这段政治真空期中,临时领导人若能建立起干预结束后的第一张国家职权网络,这将成为其对抗所有潜在对手的决定性优势。

为了避免为被占领国家选择临时领导人,外国干预者的做法之一是在过渡期维持对政府的直接控制,例如美国在2003年入侵伊拉克后任命保罗·布雷默(L. Paul Bremer)领导联军临时当局(Coalition Provisional Authority)。很显然,这一做法未能解决外国政治影响力过大的问题,只是让这个问题从隐蔽变得公开。

不过,外国干预者要想将过渡政府的政治权力转交给多个本土领导人,而非全部交给一名高层领导人,面前至少有两种重要方式可供选择。第一,过渡政府的重大职权可以移交给选举产生的地方议会,以避免所有权利集中在一名国家领导人身上。第二,不能被下放的国家行政权可以转移给具有广泛代表性的国民议会。在标准的议会体系中,国民议会有权选举并随时罢免主要国家大臣。事实上,在美国迈向独立的革命性时期,其政府在《邦联条例》(1776 至 1788 年适用)的约束之下具有权力下放和议会负责制两个特点。但近期的美国国家建设干预行动却建立了一批更加集权的政府。

民主政权的成功依赖于地方与中央之间的重要政治互动。为了理解其中的缘由,我们需要进行更细致的思考:民主作为一种竞争体系,其本质是什么?即使在自由选举的情形中,如果选民认为在野党候选人的表现无法超越腐败的执政党,那么腐败政党仍能维持其统治。因此,一个成功的民主政权需要的不仅是选举;它要求备选的候选人能尽职尽责地行使权力为多数民众谋利,而非仅仅回馈小部分支持者,而且他们在这方面需要有良好声誉。

地方政府如果在公共资源的使用上有着良好记录,这说明地方领导人有资格竞争更高层政府职位。所以,地方民主有利于提高国家民主政治的竞争力。实际上,地方一旦实现民主,则地方精英参与中央民主政治竞争的阻力也会随之变小。

反之,中央政党也可以在地方选举中支持备选候选人,以此帮助地方民主提高竞争力。地方政治领袖们应该认识到,如果他们失去民心,将会面临来自对方党派的严峻挑战。地方选举应该从第一次组织会议时起就覆盖至少两个以上作出民主承诺的政党。这些政党在国家议会中自然地发展壮大。一旦选出了国家议会,就应该遵循这样一条合理规则:凡是得到了国家议会中一部分议员支持(哪怕是极少数支持)的党派都应该能够参与所有选举,包括提名候选人及监督选举程序。

但我们应当注意的是,2004 年之后,伊拉克的新议会政府为了确定首相人选而试图组成多数联盟,这个过程既漫长又艰难。要想理解这个问题我们应该认识到,对于一个在近代没有民主政治历史的国家而言,其政治领导人很有可能缺乏良好的信誉记录来证明他们会尽责地维护好与联盟伙伴的宪法分权协议。在独裁政治体系中,人们普遍认为高层领导人会将权力集中在自己的忠实支持者手中。因此为第一个过渡政府建立联合政府可能需要外国干预者的积极支持,就像美国引导选举推选出哈米德·卡尔扎伊(Hamid Karzai)和伊亚德·阿拉维(Iyad Allawi)来领导阿富汗(2002 年)和伊拉克(2004 年)干预结束后的首届政府。根据推定的不信任投票的议会规则,国家议会中的多数派有权在此后任何时间提名新的国家领导人,如果外国干预者支持这一权利,则前文提到的外部影响效果会被减弱。

一个新国家的其他重要支柱还包括其安全力量及其管理机

构。专业军事及警察力量的发展是美国军队《反叛乱战地手册》(2007)的关注焦点,而阿什拉夫·加尼(Ashraf Ghani)和克莱尔·洛克哈德(Clare Lockhart)2008 年发表的《重建失败国家》则强调推动财政部专业人员能够有效地控制政府资金开支。但在这种单位和机构中,其激励机制的运作最终取决于政治领导。如果政治领导人不支持以某种标准来评估和奖励公共服务,那么这种标准就无以为继。地方领导人对地方警察部门的监管起着至关重要的作用。因此,现在我们来回答一开始提出的问题:在建设一个成功的民主社会时,首先应当做什么?政治建设是国家重建过程中的其他一切事物之根本,应该被视为首要任务。

我前文已经提出,民主政治发展的关键,是为国家输送更多在使用公共资金、提供公共服务方面有着良好声誉的领导人。当国家的当务之急是政治重建时,要衡量一个经济发展项目是否成功,其关键标准是看它是否提高了投资这一项目的政治领导人的声誉。因此,所有公共服务及发展项目都应由本土政治领导人牵头,且本土政治领导人既应包含中央领导人,还应包含有自主权的地方领导人。为了使每个级别的领导者都能发挥其作用,外国干预者应对中央和地方政府均加以援助。外国捐助者及国家财政部均应对所有公共开支进行公开透明的计算,以确保这个国家的人们能了解其领导人花了多少钱,花的这笔钱又得到了什么。

结论

要想帮助建立强大的民主政治体系，我们需要对整个政治体系、尤其是民主有更深的了解。在任何政治体系中，权力要么掌握在构建了其政治网络的领导人手中，要么掌握在对其忠实支持者许以丰厚回报的政党手中。在独裁政权中，国家权力在唯一领导人的政治网络中运作，不允许任何竞争对手的存在。而在民主政权中，有着各自政治网络的领导人们必须为赢得选民的支持而竞争，由此获得通往权力的钥匙。要想使民主竞争更加充分有效，每个选任职位上应该至少有两名声誉良好的合格候选人供选民选择。

因此，要想在外国干预的过渡期建设民主政权，必须让该国的新型民主政治领导得以发展。过渡期的外国干预力量应尽其所能为地方领导人创造机会，发扬其尽责使用公共资金的名声；应该帮助中央领导人与自主选举产生的地区官员、国家议会中其他派系的领导人进行建设性合作，树立良好声誉。这些声誉会成为这个国家民主政权的长期基础。

从这个角度来看，我们前文已经提出了许多基本原则。作为一名博弈论者，我知道明确的规则对博弈而言十分重要，所以我将这些建议总结为非常规范的、适用于任何此类干预的模板。首先，可以帮助组建一个具有广泛代表性的临时国家议会。其次，在临时议会中代表党派的参与之下,全国各个地区都可以举行地方选举来组建地方议会。一旦地方议会就位,过渡时期的国家议会就可以进行重组,让上述地方议会代表参与进来(就像在《邦联条例》下完成的美国革命一样)。过渡时期的国家行政权可以由首相及内阁行使,并对国家议会负责。在为起草永久宪法组成的制宪委员会中,占议会人数三分之一以上的少数派可以提交备选宪法草案供国家考虑、批准。在整个过渡期中,外国协助应该覆盖中央行政机构和地方议会,广泛向地方及中央领导人提供机会以展示其尽责使用公共资金的能力。外国捐赠人应与国家财政部合作,对各级领导人的援助资金使用情况进行公开透明的计算并向国民公示。

我们之所以研究国际军事干预结束后的民主国家建设的指导原则,其目的不是为了证明这种干预的正当性,而是为了减轻其带来的后果。那些全部或部分占领了一国的外国干预者既能轻易伤害、同时也能帮助被占领国家的人民。本文的目标是弄清对于一个亟待重建的国家而言,应该如何建立起强大的民主根基。

参考文献

1.Alchian, Armen A. and Demzetz, Harold. 1972. *Production, information costs, and economic organization*(《生产、信息成本和经济组织》). *American Economic Review*, 62, 777-795.

2.Collier, Paul. 2007. *The Bottom Billion*(《最底层的十亿人》). Oxford: Oxford University Press.

3.Dobbins, James, Jones, Seth G., Crane, Keith, and DeGrasse, Beth Cole. 2007. *The Beginner's Guide to Nation-Building*(《国家初建指南》). Arlington, VA: RAND.

4. Ghani, Ashraf and Lockhart, Clare. 2008. *Fixing Failed States*(《重建失败国家》). Oxford: Oxford University Press.

5.Myerson, Roger. 2006. *Federalism and incentives for success of democracy*(《联邦制和民主的成功激励》). *Quarterly Journal of Political Science*(《政治科学季刊》), 1, 3-23.

6.Myerson, Roger. 2008. *The autocrat's credibility problem and foundations of the constitutional state*(《独裁者的信誉问题与宪法国家的基础》). *American Political Science Review*(《美国政治学评论》), 102, 125-139.

7. Myerson, Roger. 2009. *A field manual for the cradle of*

civilization：*theory of leadership and lessons of Iraq*(《文明摇篮的战地手册:领导理论与伊拉克之教训》). *Journal of Conflict Resolution*(《冲突解决期刊》), 53(3), 470–482.

8.Myerson, Roger. 2010. *Learning from Schelling's 'strategy of conflict'*(《学习谢林的"冲突策略"》). *Journal of Economic Literature*(《经济学文献期刊》), 47(4), 1109–1125.

9. Myerson, Roger. 2011. *Toward a theory of leadership and state-building*(《关于领导及国家建设的理论》). *Proceedings of the National Academy of Sciences U.S.A.*(《美国国家科学院院刊》) 108 (supplement 4), 21297–21301.

10.Schelling, Thomas C. 1960. *The Strategy of Conflict*(《冲突的战略》). Cambridge, MA：Harvard University Press.

11.US Army and Marine Corps. 2007. *Counterinsurgency Field Mannual*(《反叛乱战地手册》) FM 3–24. Chicago：University of Chicago Press.

12. Xenophon. 2001. *The Education of Cyrus*(《居鲁士的教育》), trans. Wayne Ambler. Ithaca, NY：Cornell University Press.

附录一

诺贝尔经济学奖得主名单

为纪念阿尔弗雷德·诺贝尔而设立的瑞典银行经济学奖（即通称的“诺贝尔经济学奖”，译者注）自成立至今（1969—2013）已颁发了45次，获奖者74名：

2013 尤金·法玛（Eugene F. Fama）
拉尔斯·汉森（Lars Peter Hansen）
罗伯特·希勒（Robert J. Shiller）

2012 埃尔文·罗斯（Alvin E. Roth）
罗伊德·沙普利（Lloyd S. Shapely）

2011 托马斯·萨金特（Thomas J. Sargent）
克里斯托弗·西姆斯（Christopher A. Sims）

2010 彼得·戴蒙德（Peter A. Diamond）*
戴尔·莫滕森（Dale T. Mortensen）*
克里斯托弗·皮萨里德斯（Christopher A. Pissarides）*

2009 埃莉诺·奥斯特罗姆（Elinor Ostrom）
奥利弗·威廉姆森（Oliver E. Williamson）

2008 保罗·克鲁格曼（Paul R. Krugman）

2007 莱昂尼德·赫维奇（Leonid Hurwicz）

埃里克·马斯金（Eric S. Maskin）*

罗杰·迈尔森（Roger B. Myerson）*

2006 埃德蒙·费尔普斯（Edmund S. Phelps）*

2005 罗伯特·奥曼（Robert J. Aumann）*

托马斯·谢林（Thomas C. Schelling）

2004 芬恩·基德兰德（Finn E. Kydland）*

爱德华·普雷斯科特（Edward C. Prescott）

2003 罗伯特·恩格尔（Robert F. Engle，III）*

克莱夫·格兰杰（Clive W.J. Granger）*

2002 丹尼尔·卡内曼（Daniel Kahneman）

弗农·史密斯（Vernon L. Smith）

2001 乔治·阿克尔洛夫（George A. Akerlof）*

安德鲁·斯宾塞（A. Michael Spence）

约瑟夫·斯蒂格利茨（Joseph E. Stiglitz）*

2000 詹姆斯·赫克曼（James J. Heckman）*

丹尼尔·麦克法登（Daniel L. McFadden）*

1999 罗伯特·蒙代尔（Robert A. Mundell）*

1998 阿马蒂亚·森（Amartya Sen）

1997 罗伯特·默顿（Robert C. Merton）*

迈伦·斯科尔斯（Myron S. Scholes）*

1996 詹姆斯·莫里斯（James A. Mirrlees）*

威廉·维克里（William Vickrey）

1995 小罗伯特·卢卡斯（Robert E. Lucas Jr.）

1994 约翰·海萨尼（John C. Harsanyi）

约翰·纳什（John F. Nash Jr.）*

莱因哈德·泽尔滕（Reinhard Selten）*

1993 罗伯特·福格尔（Robert W. Fogel）*

道格拉斯·诺斯（Douglass C. North）*

1992 盖瑞·贝克（Gary S. Becker）

1991 罗纳德·科斯（Ronald H. Coase）

1990 哈里·马科维茨（Harry M. Markowitz）

默顿·米勒（Merton H. Miller）

威廉·夏普（William F. Sharpe）*

1989 特里夫·哈维默（Trygve Haavelmo）

1988 莫里斯·阿莱斯（Maurice Allais）

1987 罗伯特·索洛（Robert M. Solow）*

1986 詹姆斯·布坎南（James M. Buchanan Jr.）*

1985 弗兰科·莫迪利安尼(Franco Modigliani)

1984 理查德·斯通（Richard Stone）

1983 罗拉尔·德布鲁（Gerard Debreu）

1982 乔治·斯蒂格勒（George J. Stigler）

1981 詹姆士·托宾（James Tobin）

1980 劳伦斯·克莱因（Lawrence R. Klein）

1979 西奥多·舒尔茨（Theodore W. Schultz）

威廉·刘易斯（Sir William Arthur Lewis）

1978 赫伯特·西蒙（Herbert A. Simon）*

1977 戈特哈德·俄林（Bertil Ohlin）*

詹姆斯·米德（James E. Meade）*

1976 米尔顿·弗里德曼（Milton Friedman）

1975 列奥尼德·康托罗维奇（Leonard V. Kantorovich）*

佳林·库普曼斯（Tjalling C. Koopmans）*

1974 纲纳·缪达尔（Gunnar Myrdal）*

弗里德里希·哈耶克（Friedrich August von Hayek）*

1973 华西里·列昂惕夫（Wassily Leontief）

1972 约翰·希克斯（John R. Hicks）

肯尼斯·阿罗（Kenneth J. Arrow）

1971 西蒙·库兹涅茨（Simon Kuznets）

1970 保罗·萨缪尔森（Paul A. Samuelson）*

1969 朗纳·弗里施（Ragnar Frisch）*

简·丁伯根（Jan Tinbergen）

* 参加过林道会议的诺奖得主。

附录二

诺贝尔奖得主林道大会

教育—鼓励—联络：

作为楷模的诺贝尔奖得主

诺贝尔奖得主林道大会的目的在于激发并提升人们对于科学研究及其背后的科学家们的热情。从1951年大会成立至今，它已经发展成为一个对话与科学交流的独特平台。六十年来，林道会议凭借其超高的科学水准享誉全球，同时，会议推动了诺奖得主和年轻研究学者之间的跨国跨文化交流，促进了知识的互换和传播。

诺贝尔化学、物理学、生理学或医学奖得主以及（新加入的）纪念阿尔弗雷德·诺贝尔瑞典银行经济学奖（即通常所说的诺贝尔经济学奖）的获奖者，每年都会与来自世界各地出类拔萃的年轻科学家们相聚于德国南部的博登湖畔。每年夏天，他们的出现让林道岛和迈瑙岛成为了世界上最聪明的岛屿。

在大会理事会副主席、诺贝尔奖得主林道大会基金会主席沃尔夫冈·许雷尔的提议下，2004年大会将经济学也纳入了会议讨论范围之内。在这之前，许多诺贝尔经济学奖得主参加了其他学科的林道会议。朗纳·弗里施是1969年首届诺贝尔经济学奖的获奖者之一（当年的另一位得奖者是简·丁伯根），1971年他首开先河参加了林道会议,接着1976年纲纳·缪达尔也加入了进来。1978年,弗里德里希·奥古斯特·冯·哈耶克(他一共六次参会)、詹姆斯·米德和戈特哈德·俄林参加了林道会议;1979年列奥尼德·康托罗维奇参会;1982年米德重返林道,一同参会的还有佳林·库普曼斯和保罗·萨缪尔森。1986年罗拉尔·德布鲁和赫伯特·西蒙做客林道会议,1989年詹姆斯·布坎南也加入了进来。

诺奖得主和年轻科学家们都对会上的大量个人交锋大加赞赏,也正是这种交锋让林道会议形成了一种前所未有的独特氛围。不同年龄段的科学家们通过林道会议进行密集的思维交流,极大地推动了国际著述的发展,为跨学科研究和科学进步铺平了道路。与会者往往受到诺奖得主——对年轻研究学者而言,他们是只在教科书上出现的人物——的激发和鼓舞,许多人都把这形容成一次毕生难忘的经历。林道会议的核心不是学术论文,而是学者本身。正是这种独特的会制孕育出了一张全球年轻学者与博士生网络,而且它在长远的未来将继续发挥其影响力。

就在二战刚刚结束之后,伦纳特·伯纳多特(Count Lennart Bernadotte)①产生了一个想法:他希望各国科学家们能坐下来和平地交流学术观点。这个想法已经超越了那个时代,十分难能可贵。

① 瑞典伯爵伦纳特·伯纳多特是诺贝尔奖得主林道大会的创立者之一。1950年,两名林道物理学家向他提议举办一个医学会议,并邀请多名诺奖得主来做学术交流。伯纳多特接受了该提议,并于次年举办了首届诺贝尔奖得主林道大会。译者注。

六十年后，世人普遍承认，伯纳多特的贡献远远不只是促进了国际间的相互理解。每一届林道会议的举行都在向世人证明，伦纳特·伯纳多特以及另外两位物理学家共同为后代建造了一座“思想工厂”，而这座“工厂”标志着德国和欧洲成为了重要的科学中枢。诺贝尔奖得主大会开辟了一条此前无法通行的道路，打开了很多扇看似锁死的门。

伦纳特·伯纳多特担任诺贝尔奖得主林道大会理事会主席长达 38 年，期间他一直十分活跃。他的目标是把大会建设成一个跨越文化、国籍和宗教信仰的论坛，让现在以及未来的科学精英们相聚一堂、切磋交流。如今，这个目标成为了大会未来工作的任务和动力。伯纳多特的人格魅力深深影响着林道会议，这才使得大会能与众多诺奖得主建立联系。他身上流淌着瑞典皇室的血液——他的祖父后来成为瑞典国王古斯塔夫五世，也是第一个诺贝尔奖的颁奖人。除此之外，伯纳多特与瑞典诺奖颁奖机构之间建立的联系至今仍是林道会议的基础。

伦纳特·伯纳多特总是走在时代的前面。他对于如何提高年轻人对科研的热情和毅力很有一套，同样值得一提的还有他在可持续发展问题上的先驱地位。就如今的社会经济问题来看，伯纳多特所著的《迈瑙岛的绿色宪章》放在当下恰逢其时，正如他在 1961 年完成该文时一样：这篇文章比国家首批环境保护法的出台早了 15 年，比德国联邦环境、自然保护及核能安全部的诞生早了

25年,比美国国家环境保护局的设立早了7年,比罗马俱乐部的第一份报告早了11年。早在上述这一切都还未发生的时候,伯纳多特的“宪章”就已经在呼吁人们要以可持续的方式使用资源。

为了向伦纳特·伯纳多特表示敬意,我们于2000年建立了诺贝尔奖得主林道大会基金会。基金会的捐助者们都致力于贯彻大会的宗旨,即促进科学与跨文化交流,他们通过向基金会捐款来确保这种努力会一直坚持下去。如今,创始人议会中有264位是诺贝尔奖得主,他们都在为这个独树一帜的论坛保驾护航。

林道原则以诺奖得主的方法论为基础,其遵守则依赖于他们的个人承诺,对此我们一直心怀感激。作为大会的指导精神,林道原则推动了学术发展,并通过跨年龄层对话加快了学者们的学习教育过程。它常常被看作是林道会议的中心思想或者说是主旨。事实上,这是林道会议的学术基础所在,未来也仍将如此,它与阿尔弗雷德·诺贝尔的目标,与诺贝尔奖,与诺贝尔奖得主以及伦纳特·伯纳多特的恳切倡议有着相同的本质。

尼古拉斯·特纳

诺贝尔奖得主林道大会理事会成员

诺贝尔奖得主林道大会基金会常务董事及成员

更多信息参见林道多媒体:www.lindau-nobel.org